Denis Bayon • Fabrice Flipo
François Schneider

La décroissance

Dix questions pour comprendre et débattre

La Découverte
9 *bis*, rue Abel-Hovelacque
75013 Paris

Si vous désirez être tenu régulièrement informé de nos parutions, il vous suffit de vous abonner gratuitement à notre lettre d'information bimensuelle par courriel, à partir de notre site

www.editionsladecouverte.fr

où vous retrouverez l'ensemble de notre catalogue.

ISBN 978-2-7071-5791-1

« Ce que Samantar avait surtout en horreur, c'était ce que les technocrates occidentaux appelaient dans leur langage baroque : l'expansion économique. Sous cette formule de sorcière, les anciens colonialistes s'efforçaient de perpétuer leurs rapines en introduisant leur psychose de consommation chez des peuples sains qui n'avaient nul besoin de posséder une automobile pour attester de leur présence sur cette terre. »

Albert Cossery, *Une ambition dans le désert*,
Gallimard, Paris, p. 15-16.

Introduction

OÙ L'ON SE DEMANDE D'OÙ VIENT CE MOT NOUVEAU QUI DÉRANGE TANT

emonter l'idée de
remier rapport du
on, fondée en 1968
des professionnels
niversité, de l'indus-
e penser l'avenir du
ominée par le court
é au Massachusetts
i fit le plus parler de
'évolution des res-
e, de matières pre-
opulation et de la
s à la croissance »)
vra s'arrêter, proba-
le club confirmera
t considérable : tra-
ndit à 12 millions
blié sous un titre

1 D. H. Meadows, J. Randers et D. L. Meadows (dir.), *Limits to Growth. The 30-Year Update*, Chelsea Green, 2004.

2 Source : Club de Rome <www.clubofrome.org>.

commercialement plus porteur – *Halte à la croissance ?* – mais peu fidèle à l'esprit du rapport [3].

L'apparition du terme « décroissance » date en réalité de la fin des années 1970. Il apparaît dans le titre d'une sélection de travaux de Nicholas Georgescu-Roegen (1906-1994) traduite par Jacques Grinevald et Ivo Rens [4]. Paru en 1979, *Demain la décroissance* développe un certain nombre d'idées que l'auteur défend depuis 1971 [5] : celle d'une « décroissance » inéluctable de nos sociétés industrielles consécutive à l'épuisement des ressources fossiles, et la mention d'un « programme bioéconomique minimal ». Dans cet ouvrage passé inaperçu à l'époque, Georgescu-Roegen parle alors de « *declining state* » et non de « *degrowth* ». Même s'il soutiendra ultérieurement l'idée, le terme « décroissance » est une idée des traducteurs.

La galaxie « décroissance »

C'est au début du nouveau millénaire que la décroissance devient en France un thème militant avec la publication en 2002 sous la direction de Vincent Cheynet et de Bruno Clémentin d'un numéro d'une revue écologiste

3 D. H. Meadows *et al.*, *Halte à la croissance ? Enquête sur le Club de Rome et Rapport sur les limites de la croissance*, Fayard, Paris, 1972.

4 N. Georgescu-Roegen, *Demain la décroissance : Entropie-écologie-économie*, Pierre-Marcel Favre, Lausanne, 1979, nouv. éd. *La Décroissance*, Sang de la terre, Paris, 2006. Jacques Grinevald est un historien du développement technique, spécialiste de l'écologie globale, dont il étudie la genèse au XXe siècle à partir du travail de Vladimir Vernadski, auteur de l'ouvrage *La Biosphère* et grand précurseur de l'étude des cycles biogéochimiques tels que celui du carbone. Il a longtemps travaillé à l'Institut universitaire d'études du développement, situé à Genève en Suisse. Fonctionnaire international puis professeur de droit à Genève, Ivo Rens a, quant à lui, travaillé sur l'histoire du socialisme et sur l'écologie politique. Il a dirigé la revue *Stratégies énergétiques, Biosphère et Société* de 1991 à 1998.

5 N. Georgescu-Roegen, *The Entropy Law and the Economic Process*, Harvard University Press, Cambridge, 1971.

consacré à la décroissance [6]. *Silence* dont le sous-titre (« Écologie, Alternatives, Non-Violence ») signe clairement l'identité, est alors une revue de référence dans le milieu. Créée en 1982, diffusée par abonnement, fonctionnant sur les principes qu'elle défend (notamment le bénévolat), la revue n'avait jusque-là fait qu'un usage périphérique de ce thème. Le numéro publié par V. Cheynet et B. Clémentin connaît un vif succès, confirmant que quelque chose de neuf s'est produit. À sa suite, *Silence* publie de très nombreux numéros consacrés à la décroissance. Le thème est aussi porté par le magazine *Casseurs de Pub*, créé en 1999 et dirigé par les mêmes V. Cheynet et B. Clémentin. Il est au cœur des débats d'une conférence intitulée « Défaire le développement, refaire le monde », organisée en 2002 à l'Unesco, qui remporte un succès inattendu. La décroissance fut ensuite mise à l'agenda de nombreuses autres rencontres, par les amis de Pierre Rabhi (*cf. infra*) et diffusée par le réseau pour une « insurrection des consciences », ainsi que par d'autre publications [7].

C'est en 2004 que la décroissance sort des rangs écologistes pour s'adresser à un public plus large, avec le lancement du nouveau journal *La Décroissance, le journal de la joie de vivre* et une série de conférences publiques. Faute d'un accès aux grands médias, François Schneider, l'un des auteurs de ce livre, popularise la thématique d'une manière originale, en réinventant le « colportage ». Durant une année, il fait un tour de France avec une ânesse, et participe à de nombreux débats publics. Et, de fait, les sirènes de la croissance sont beaucoup moins écoutées que ne le laisserait penser le discours médiatique ambiant : aujourd'hui, *La Décroissance* est imprimé à 47 000 exemplaires, pour une diffusion payante pouvant atteindre 23 000 exemplaires.

---

6 *Silence*, n° 280 et 281, février et mars 2002.

7 M. Bernard, V. Cheynet et B. Clémentin, *Objectif décroissance : vers une société harmonieuse*, Parangon, Lyon, 2003.

Plusieurs sites Internet se sont spécialisés sur le sujet : <decroissance.info>, un site participatif avec des liens vers différents groupes locaux ; <decroissance.org>, le site officiel de l'Institut d'études économiques et sociales pour la décroissance soutenable, proche du journal *La Décroissance* qui a son propre site <ladecroissance.net>. Plusieurs « marches pour la décroissance », grandes créatrices de réseaux, ont été organisées en plusieurs endroits, de Lyon à Magny-Cours en juin 2005 avec 500 personnes à l'arrivée, en Loire-Atlantique, dans le Nord-Pas-de-Calais, en Belgique et en Catalogne espagnole, pour n'en citer que quelques-unes. Le mot d'ordre de décroissance imprègne aussi le mouvement altermondialiste [8] et les mouvements libertaires [9]. La décroissance a aussi depuis peu son propre parti politique : le Parti pour la décroissance (PPLD), fondé en avril 2007 à Dijon, et un mouvement politique : le Mouvement des objecteurs de croissance (MOC), tous deux réunis au sein de l'Association d'objecteurs de croissance (ADOC). La vague est large et profonde, comme en témoigne la prolifération de livres sur le sujet et le développement en parallèle de mouvements similaires dans d'autres contrées, surtout latines [10].

La décroissance est un thème qui attire le milieu intellectuel. La revue *Entropia*, lancée en novembre 2006 dans l'enceinte de l'Assemblée nationale, s'est fixé pour objectif de donner plus de cohérence théorique à l'idée de décroissance. Elle se présente comme la « revue théorique et politique d'étude de la décroissance » et s'engage « pour l'enrichissement de l'imaginaire théorique, poétique et politique de l'après-développement [11] ». Le nom du journal ne se réfère pas à l'entropie au sens physique du terme, ce concept remis au

---

8 Par exemple <http://www.les-oc.info>, <http://www.esf2008.org>.

9 Par exemple <http://www.avoixautre.be>.

10 <http://www.decroissance.ch> ; <http://www.decrecimiento.info> ; <http://www.decreixement.net> ; <http://www.objecteursdecroissance.be>.

11 *Entropia*, n° 1, novembre 2006.

goût du jour en économie par N. Georgescu-Roegen, mais à la racine étymologique du terme « *entropè* », action de se retourner, regarder par-devers soi afin de contempler le chemin parcouru et prendre le temps de se demander s'il ne vaudrait pas mieux en changer.

Signe que les temps changent, un colloque international a été organisé en avril 2008, par l'association Recherche & Décroissance, autour du thème de la « décroissance économique pour la soutenabilité écologique et l'équité sociale [12] » ; les contributions étaient appelées à prendre au sérieux l'hypothèse d'une décroissance volontaire ou subie. Le colloque était soutenu par l'Association internationale pour une économie écologique (ISEE), le Sustainable Europe Research Institute (SERI), certains membres du Club de Rome dont le coauteur du fameux rapport de 1972, Dennis Meadows ; plus de cent quarante scientifiques de toutes disciplines venus de trente pays ont participé à cette rencontre. Ce colloque marque une étape : l'entrée du mot anglais « *degrowth* » dans différentes publications à caractère scientifique et conférences (présentation de la décroissance à l'Union européenne en 2009, par exemple [13]). Une seconde conférence, de plus grande envergure encore, a eu lieu en mars 2010 à Barcelone qui a réuni cette fois 500 chercheurs et membres de la société civile pour travailler sur des propositions politiques et de recherches [14].

Une idée qui gagne les esprits

Si l'idée de décroissance a rapidement accédé à la notoriété, c'est aussi parce qu'elle a suscité une opposition

---

12 Les actes sont disponibles sur <events.it-sudparis.eu>, F. Flipo, F. Schneider (dir.), *Proceedings of Degrowth Conference*, Telecom & Management SudParis/Research & Degrowth, Paris, 2008.

13 Disponible sur <http://www.degrowth.net>

14 <http://www.degrowth.eu>

très agressive, souvent venue de la gauche. Ainsi Guillaume Duval, le rédacteur en chef d'*Alternatives économiques*, dans un numéro spécial de sa revue consacré au développement durable (5 décembre 2004), estimait que le mouvement de la décroissance faisait courir un risque grave à la démocratie. Aux yeux de Jean-Marie Harribey, coprésident de l'association Attac, « pour les théoriciens de la décroissance et du refus du développement, la coupable est finalement la Raison, confondue avec la rationalité capitaliste, qui a désacralisé, "désenchanté" le monde [15] ».

On le voit, la charge est sévère et elle n'est pas sans rappeler l'accusation proférée par l'Appel de Heidelberg à l'encontre de l'écologie, à l'approche du Sommet mondial pour l'environnement et le développement organisé à Rio de Janeiro en 1992. Dans ce texte, trois mille scientifiques et universitaires, dont soixante-douze prix Nobel, déclaraient : « Nous nous inquiétons d'assister, à l'aube du XXIe siècle, à l'émergence d'une idéologie irrationnelle qui s'oppose au progrès scientifique et industriel et nuit au développement économique et social. » Plus récemment, en 2008, un économiste aussi reconnu que Jean-Paul Fitoussi s'est senti tenu de situer ainsi l'enjeu de son premier ouvrage sur la question écologique : « Après 200 000 ans de lutte contre les forces de la nature, l'homme aurait acquis sur elle un tragique ascendant et devrait renoncer au développement économique : devant cette malédiction de la prospérité, des voix nombreuses appellent à l'interruption de la croissance et à la suspension du progrès. Nous croyons au contraire qu'il est possible de poursuivre sur le chemin du développement humain [16]. »

Malgré ces réactions hostiles dont nous analyserons plus loin la pertinence, la décroissance s'est diffusée rapidement,

---

15 *Cf.* <http://harribey.u-bordeaux4.fr>.

16 J.-P. Fitoussi et É. Laurent, *La Nouvelle Écologie politique*, Seuil, coll. « La République des Idées », Paris, 2008.

jusque dans la grande presse. *Le Monde 2* dans son édition datée du 25 mars 2006 lui a consacré sa couverture et son dossier principal. On trouve le sujet abordé dans des publications aussi peu politisées que *TGV Magazine*, le support diffusé gratuitement par la SNCF à ses clients. Le quotidien *Les Échos* a consacré en décembre 2004 un numéro hors-série autour de la question du « prêt-à-penser économique » et identifié trois paradigmes dominants en économie : le libéralisme, la social-démocratie et... la décroissance. La décroissance n'a pas non plus laissé insensibles certains écrivains pour lesquels « en valeur poétique, il n'existe ni chômage, ni plein-emploi, ni assistanat, mais autorégénération et autoréorganisation, mais du possible à l'infini pour tous les talents, toutes les aspirations. En valeur poétique, le PIB des sociétés économiques révèle sa brutalité [17] » – un texte écrit en pleine révolte des Antilles en 2009 et qui se réfère explicitement à la décroissance.

Le mouvement a commencé à toucher les grands partis politiques. La motion « Utopia », emmenée par Frank Pupunat, est la première à avoir mis en question la religion de la croissance au sein du Parti socialiste. Elle a obtenu 1,05 % des voix au Congrès du Mans en novembre 2005. Yves Cochet, candidat aux primaires pour les présidentielles de 2007, porte cette idée au sein des Verts. Nicolas Hulot, conseillé par Jean-Paul Besset, entre autres, fut présenté par l'hebdomadaire *Politis* comme le croisé de la décroissance. Si Corinne Lepage a rejeté cette idée, qu'elle considère comme trop négative, sans en dénier l'intérêt sur le fond, Dominique Voynet préfère parler de « décroissance de l'empreinte écologique ».

Aujourd'hui, de très nombreux intellectuels et militants s'accordent à dire que le thème de la décroissance ouvre des perspectives nouvelles à une planète bien mal en point et

---

17 E. Breleur, P. Chamoiseau, S. Domi *et al.*, *Manifeste pour les produits de haute nécessité*, Galaade, Paris, 2009. Disponible aussi sur <http://www.livreshebdo.fr>

constitue une « réflexion sérieuse » – ce qui ne signifie pas qu'ils y adhèrent. Certains partisans du libéralisme orthodoxe eux-mêmes reconnaissent que la question écologique, si elle devait se traduire par un arrêt de la croissance, nous plongerait dans une situation sans précédent. Ainsi Martin Wolf, chroniqueur au *Financial Times*, reconnaît au cours d'un entretien avec la cofondatrice d'Attac, Susan George, que « ce à quoi nous devons réfléchir est d'une radicalité absolue : un processus qui mettrait un terme à la croissance dans les pays développés. Sinon, que faire ? Pouvons-nous dire aux Chinois ou aux Indiens : "D'accord, nous avons des revenus qui sont trente fois les vôtres, mais vous devez arrêter votre croissance, parce qu'il n'y a plus de ressources et il n'est pas question d'augmenter votre niveau de vie ?" C'est évidemment intenable. On serait devant une transformation radicale de la politique de la planète. Ce serait la recette d'une guerre civile mondiale, dont l'issue serait catastrophique. Si tel est bien le monde dans lequel nous vivons, les transformations auxquelles il faut procéder sont monumentales. Elles ne sont pas liées au processus de mondialisation, mais à la croissance, le principal agent dynamique du monde depuis deux siècles [18] ». On l'a compris, même dans les cercles des plus hostiles à toute réforme du capitalisme, le débat sur la décroissance est devenu incontournable.

Derrière le slogan, des idées

Le terme « décroissance » n'est pas un concept savant mais un terme du langage courant qui fédère celles et ceux qui souhaitent une réduction de la taille physique du système économique (moins de capacité de prélèvements de ressources naturelles, moins de rejets polluants) pour des

---

18 S. George et M. Wolf, *La Mondialisation libérale*, Grasset, Paris, 2002.

raisons écologiques, sociales et démocratiques, et qui savent que cela implique une déstabilisation radicale du Produit intérieur brut (PIB), indicateur d'accumulation de la valeur monétaire créée et des quantités de biens et services produits chaque année au sein d'une économie considérée. L'ampleur des changements nécessaires interdit de ramener la question à un simple enjeu de gestion, comme c'est le plus souvent le cas des politiques actuelles. Les « objecteurs de croissance » rejettent catégoriquement l'idée d'une « croissance verte », qui relève à leurs yeux de l'oxymore et d'une politique du déni de réalité.

La décroissance possède en outre un pouvoir fort d'interpellation et de questionnement. En effet, alors que les discours de tous les grands (et moins grands) dirigeants politiques et responsables économiques et financiers sont entièrement structurés autour de l'impératif de croissance économique, et à l'heure où il est avéré que toutes les grandes économies développées ont connu, en 2009, une des pires récessions de leur histoire récente, le mot « décroissance » ne peut laisser personne indifférent. Qui sont ces hurluberlus qui semblent souhaiter que la récession s'aggrave ? Que veulent-ils dire exactement ? Pourquoi un public si nombreux se presse-t-il aux débats sur le sujet ? Sont-ils un parti, des agitateurs, des démocrates ? Sont-ils unis ou divisés ? Ont-ils un « plan B » ? Les questions sont nombreuses, il devenait urgent d'essayer d'y voir un peu plus clair. L'ambition de ce livre est d'essayer de structurer un débat riche et vivant – et non de le trancher. Nous avons identifié les dix questions les plus fréquemment suscitées par le mot « décroissance » et avons entrepris d'y répondre de la manière la plus claire et la plus précise possible.

Comme il apparaîtra assez rapidement au lecteur, les trois auteurs ne prétendent nullement à une quelconque « neutralité » : ils sont engagés, à des degrés divers, suivant leur propre sensibilité – ce qui implique parfois d'importants désaccords – en faveur de l'objection de croissance ou de la décroissance. Sans masquer cet engagement, ils se sont efforcés de maintenir la plus grande rigueur intellectuelle possible et ont choisi de laisser de côté procès d'intention et autres lectures biaisées dont ce vaste et varié mouvement social et intellectuel a fait les frais dès sa naissance. Ils ont aussi fait le choix de se concentrer sur les idées, accordant la part belle aux auteurs et théoriciens et laissant largement de côté les événements qui rythment le calendrier militant des objecteurs de croissance.

Le *chapitre 1* cherche à situer la thématique de la décroissance au sein des courants d'idées existants. Phénomène émergent, turbulent, l'objection de croissance ne sort pas du néant. Les personnes qui s'en réclament viennent d'horizons identifiables, sa généalogie est possible. La décroissance réactive à la fois d'anciennes traditions, notamment la coutume populaire de l'autosuffisance, brocardée par Marx en son temps. Par bien des côtés, elle constitue aussi une idée neuve – comme le montrera le *chapitre 2*. Les raisons pour lesquelles la décroissance entend se distinguer du « développement durable » font l'objet du *chapitre 3*. Puisque le recours aux sciences et techniques est généralement présenté comme la solution qui nous permettra de repousser indéfiniment les limites de la croissance, nous examinerons dans le *chapitre 4* si la décroissance s'oppose au progrès scientifique.

La lectrice ou le lecteur arrivé à ce point se demandera peut-être si la décroissance n'est pas « malthusienne » : s'agit-il d'un nouveau plaidoyer pour le rationnement des ressources ? Allons-nous devoir nous serrer la ceinture ? Nous tenterons de montrer que la décroissance défend une idée de la richesse moins frelatée que celle proposée par la publicité et qu'elle préconise des solutions qui s'opposent aux thèses du pasteur Malthus, qui n'avait en vue que la défense de l'ordre établi et de ses inégalités (*chapitre 5*).

L'objection de croissance se mobilise en faveur d'une société plus égalitaire, en particulier sur le plan écologique, et montre que cet objectif ne peut aller de pair avec l'attitude béate d'admiration devant les promesses du progrès scientifique et technologique portées par la majorité des mouvements sociaux antérieurs. Moins consommer est un mot d'ordre qui procède d'un souci d'égalité élargi à l'échelle planétaire et aux générations à venir. Ce n'est pas se contraindre – bien qu'une vision biaisée de nos conditions de vie, au profit du « règne de la marchandise », avide de la « richesse bourgeoise », tende à nous laisser penser le contraire et avalise ainsi la domination planétaire d'une minorité (*chapitre 6*).

Nous examinons dans le *chapitre 7* si une telle réduction de la taille de l'économie peut être assimilée à une récession, et si elle se traduirait automatiquement par une augmentation du chômage. L'œuvre de Marx peut être ici mobilisée dans une direction nouvelle.

L'objection de croissance est-elle pertinente dans les pays du Sud, au sens géopolitique [19] ? Discours issu du Nord à destination du Nord, la décroissance trouve pourtant de larges échos au Sud (*chapitre 8*).

La décroissance est souvent suspectée d'autoritarisme (« qui peut décider de ce que je peux ou dois consommer ? »). Le *chapitre 9* cherchera à savoir ce qu'il en est réellement des fondements de cette accusation. Nous montrerons que la démocratie, dans ses différentes acceptions, constitue un souci important sinon majeur des objecteurs de croissance qui visent, au-delà de leurs préoccupations écologiques, une

---

19 On parle parfois de « Sud global » pour évoquer les personnes exclues de l'intégration marchande et vivant dans des conditions indignes, afin de ne pas confondre avec le Sud géographique.

transformation sociale radicale qui tienne compte des erreurs des « socialismes ayant réellement existé ».

Nous terminons cet ouvrage en brossant ce que pourraient être, selon les différents et divergents courants de l'objection de croissance, les grandes lignes d'un programme de décroissance (*chapitre 10*).

Beaucoup déplorent l'ambiguïté du terme « décroissance » et en font un motif de rejet. Cette ambiguïté nous paraît au contraire féconde et témoigne de l'immense emprise de la « croissance » sur nos vies et nos sociétés, qui vivent sa présence comme une évidence. Que le lecteur ou la lectrice soit donc d'emblée mis(e) en garde : il ou elle n'y trouvera en aucune façon un « système du monde », une théorie complète, qu'il n'y aurait qu'à s'approprier pour « tout comprendre » – aucun théoricien ni aucun objecteur de croissance ne prétendent d'ailleurs, à ce jour, avoir produit de telles « vérités ». Nous espérons que cet ouvrage lui permettra de trouver des pistes pour penser le monde contemporain et pour agir, afin de le transformer. Il restera donc beaucoup à faire par soi-même – et c'est tant mieux. De ce point de vue, la décroissance est un chemin modeste, loin des avant-gardes triomphantes. Elle n'est pas la solution à tout, elle est un questionnement adressé à toute recherche d'alternative à la déliquescence contemporaine.

La décroissance n'est pas la fin de l'histoire, l'état actuel du débat est amené à évoluer – le mot « décroissance » disparaîtra peut-être une fois accompli son rôle de réarmement de l'activité critique. On verra que l'objection de croissance peut aussi être récupérée à d'autres fins que l'émancipation sociale. Pour autant, ces dérives ne sont pas avérées à ce jour et, face aux violentes accusations qui ont été évoquées plus haut, nous devons aussi garder à l'esprit le mot d'A. O. Hirschman, pour qui le refus des idées nouvelles est l'unique caractéristique constante de la réaction [20]. La décroissance est en effet un slogan qui remet en cause bien des idées reçues. *A contrario,* son argument principal est bien celui de l'innovation : la décroissance n'est peut-être pas la solution à tout, mais elle ose bouleverser les clivages hérités, pour les mettre en question. Cela nous semble d'autant plus nécessaire que nous savons fort bien que la *conservation* de l'ordre existant ne nous mènera pas à des lendemains meilleurs.

Paris, Rennes et Barcelone, le 24 janvier 2010.

---

20 A. O. Hirschman, *Deux Siècles de rhétorique réactionnaire,* Fayard, Paris, 1991.

1

Que signifie « décroissance » ?

OÙ L'ON TENTE DE DÉTERRER QUELQUES RACINES CONCEPTUELLES D'UNE VASTE MOUVANCE HÉTÉROCLITE

Comprendre un terme dans toute sa complexité suppose de le situer dans les divers courants d'idées qui s'en réclament. Le terme « décroissance » est particulièrement riche en significations, comme cela apparaîtra tout au long de l'ouvrage. Une caractéristique qui peut se révéler un handicap sur le plan politique, dans la mesure où le mot ne fédère aucun courant doctrinal clairement identifié mais qui, sur le plan du débat public, permet de faire dialoguer différents courants de pensée.

L'idée de décroissance a été saisie à partir de plusieurs « portes d'entrée » ou grilles de lecture de la situation contemporaine, qui se croisent sans être toujours concurrentes, ni divergentes.

De la critique écologique à la critique du système des besoins

La première source intellectuelle de la décroissance est écologiste, qui apporte en propre un attachement au respect des écosystèmes et du vivant dans toutes ses

Tableau 1 *Réductions nécessaires à un usage égalitaire des ressources (pays développés)*

Ressources	Utilisation en 1990 (UE 12, par personne)		Changement nécessaire
CO_2	7,3	tonnes	– 77 %
Énergie primaire	123	GJ/an	– 50 %
Combustibles fossiles	100	GJ/an	– 75 %
Nucléaire	16	GJ/an	– 100 %
Renouvelable	7	GJ/an	+ 400 %
Matières non renouvelables			
Ciment	536		– 85 %
Fonte	273		– 87 %
Aluminium	12		– 90 %
Chlore	23		– 100 %
Cuivre	6,4		– 88 %
Plomb	2,3		– 83 %
Engrais divers	13 à 29		– 80 à – 90 %
Utilisation du territoire			
Zones bâties	0,053	ha	– 3,2 %
Zones protégées	0,003	ha	+ 1 933 %
Zones boisées non protégées	0,164	ha	– 16 %
Terres arables	0,237	ha	– 58 %
Pâturages	0,167	ha	– 47 %
Bois	0,66	m^3	– 15 %

Source : Les Amis de la Terre, *Vers une Europe soutenable*, 1995.

composantes ainsi qu'une critique de la société industrielle [1]. Comme les écologistes, les objecteurs de croissance affirment clairement que le niveau matériel de consommation des pays « développés » est fortement inégalitaire, que ce soit vis-à-vis du Sud ou des générations futures ; aussi devons-nous de toute urgence réduire nos consommations. Le tableau 1, issu du rapport *Vers une Europe soutenable* rédigé par le Wuppertal Institute à la demande des Amis de la Terre, donne une idée de l'ampleur de la réduction qui serait nécessaire dans les pays

1 D. Simonnet, *L'Écologisme*, PUF, Paris, 1979.

industrialisés si l'on admet un droit égal aux ressources naturelles à chaque Terrien [2].

À la différence de ce rapport, qui conclut à la nécessité d'un découplage entre croissance économique et consommations physiques, les objecteurs de croissance pensent que de tels objectifs sont profondément incompatibles avec le cadre de la croissance économique, quelle que soit sa « qualité ». Tout ce qui fait la croissance économique (capitalisme, consumérisme, goût du profit, etc.) est en soi producteur d'inégalités écologiques, et le fait de se contenter de « protéger la nature » sans questionner ces éléments leur apparaît au minimum incohérent. Ils pensent qu'il faut aborder dès aujourd'hui la question des politiques susceptibles non pas de ralentir la croissance des inégalités, comme le suggèrent les politiques de « croissance verte », mais de nous mettre le plus vite possible sur le chemin d'une *croissance de l'égalité*.

Cette option implique bien sûr une remise en cause radicale du système des besoins mis en place par les pays développés, qu'ils soient capitalistes ou socialistes. Cette question a fait l'objet des travaux proposés dans les années 1970 par Ivan Illich, pour qui le problème ne réside pas seulement dans la « marchandisation du monde » mais dans le fait que les institutions qui étaient censées être le produit des citoyens, avec ou sans médiation représentative – c'est là la définition minimale de la démocratie – sont devenues des fins en soi, qui ne poursuivent que leur propre expansion destructrice. Le citoyen, pensé comme source de normativité, est devenu un obstacle que les institutions souhaitent plier à leurs propres désirs. Illich montre ainsi qu'au-delà de certains seuils, la croissance de la puissance collective des institutions et des outils se retourne contre la société.

---

2 Les Amis de la Terre Europe, *Vers une Europe soutenable*, 1995. Disponible sur <www.amisdelaterre.org>.

Ce type d'analyse peut sembler « passé de mode » aux yeux de la critique sociale. Il est vrai, comme le suggère le philosophe Stéphane Haber, que la critique de la société de consommation a été discréditée depuis trente ans au profit d'un consensus mou sur le droit du consommateur à bénéficier d'un progrès dont on postule la souveraineté absolue, *via* le marché [3]. Comme le suggèrent Luc Boltanski et Ève Chiapello dans un ouvrage devenu classique [4], la critique issue des années 1968 a largement été récupérée par le « nouvel esprit du capitalisme », dans le but d'augmenter la compétitivité. Toute critique de la consommation et des besoins est considérée comme une forme de « paternalisme moral » qu'il est de bon ton de dénoncer au nom de l'intangibilité de la sphère privée – « mon mode de vie n'est pas négociable ».

Telle n'est pas la perspective ouverte par l'objection de croissance. Ce n'est pas la nécessité de préserver la sphère privée qui est en cause mais la thèse de la « souveraineté du consommateur », accusée de masquer l'aliénation dont le « consommateur » est victime, tant sur le plan matériel qu'idéologique, et ses conséquences politiques. La critique n'a disparu que de la scène médiatique. Avec l'objection de croissance, elle fait son grand retour.

Les réflexions d'Ivan Illich connaissent au début du XXIe siècle un réel regain d'intérêt [5], ce qui conduit à en rappeler la portée et le contenu. Dans *Une société sans école*, Illich explique que la formation d'excellence reçue par quelques-uns provoque en réalité le déclassement de tous les autres, et que ce problème ne peut pas être résolu seulement en injectant davantage de moyens, humains ou financiers. Il cite ainsi

---

3 S. Haber, « L'aliénation comme dépossession des besoins vitaux », *Mouvements*, n° 54, 2008/2, p. 41-53.

4 L. Boltanski et E. Chiapello, *Le Nouvel Esprit du capitalisme*, Gallimard, Paris, 1999.

5 Comme en témoigne la réédition des *Œuvres complètes*, Fayard, Paris, 2004, 2006.

le cas d'un programme scolaire « Title One » mis en place aux États-Unis entre 1965 et 1968 [6], qui avait pour objectif de compenser les désavantages de six millions d'enfants. Ce programme de trois milliards de dollars n'a donné aucun résultat. Pour la plupart des critiques, le problème venait d'un « manque de moyens » – qu'un regain de croissance pourrait opportunément procurer.

Pour Illich, l'explication est tout autre : l'échec vient de ce que les enfants aisés ont aussi été bénéficiaires des aides mais surtout que le système scolaire centralisé en lui-même est structurellement inégalitaire : quelle que soit la quantité d'argent que l'on y met, le résultat est une discrimination accrue pour des coûts de production plus élevés. C'est à certains égards ce qui s'est passé en France avec le programme ambitieux d'amener 80 % d'une classe d'âge au bac : le coût du bac sur la société a augmenté, le bac lui-même a été dévalué et l'inégalité devant le savoir s'est finalement accrue se reportant sur les diplômes bac + 2 ou + 5. Illich avait déjà prévenu : si l'égalité en matière d'éducation devait être définie par l'accès de toute une classe d'âge à un diplôme du supérieur, alors le coût de cette politique dépasserait le budget des États-Unis [7]. L'erreur, c'est de confondre des possibilités éducatives égales avec la scolarité obligatoire. L'égalité est recherchée par des moyens qui accroissent l'inégalité. On confond instruction et hiérarchie de diplômes. Plus l'école est en situation de monopole, plus elle a d'importance sociale et plus tout le monde veut bénéficier de ses certificats – et plus elle crée d'inégalités car, pour « certifier » tout le monde, l'école devrait bénéficier d'un budget illimité.

En forme de solution Illich en appelle à une séparation de l'État et de l'école, sur le modèle de la séparation de l'Église et

---

6 I. Illich, *Une société sans école, in Œuvres complètes*, Fayard, Paris, 2004, p. 214.

7 *Ibid.*, p. 219.

de l'État[8]. Et de citer l'exemple du célèbre pédagogue brésilien Paulo Freire qui a pu montrer que des adultes analphabètes pouvaient commencer à lire et écrire en quarante heures. La solution est donc de « déscolariser » la société, construire « un monde où la vie quotidienne aurait vertu éducative[9] », ce qui empêcherait la formation de hiérarchies par le diplôme.

Illich ne préconisait pas une « société sans école » comme le laisse croire la traduction française du titre de son livre (*Deschooling Society*), mais une société « déscolarisée », soit une relativisation progressive du pouvoir de l'école au profit d'autres parties de la société, à commencer par les associations. Illich, comme Gandhi, propose aussi de relativiser l'importance du travail intellectuel, de manière à réhabiliter le travail manuel, ce qui devrait notamment se traduire dans les salaires. Ajoutons enfin qu'Illich, écrivant depuis le Mexique, visait les systèmes scolaires les plus inégalitaires – ceux du tiers monde mais aussi celui des États-Unis.

De la même manière, dans *Énergie et Équité*, Illich montre que la croissance de la vitesse, comme celle des diplômes, engendre *nécessairement* de fortes inégalités. À l'époque, Illich estimait qu'un habitant des États-Unis consacrait en moyenne 1 600 heures par an à sa voiture. Pour des trajets cumulés de 10 000 kilomètres par an, sa vitesse *réelle* de déplacement est de... 6 km/h. D'où vient ce fait surprenant ? Du fait qu'Illich compte, dans le temps consacré à la voiture, le temps passé à la conduire mais aussi celui passé à la payer, à la réparer, à l'entretenir, à payer les frais de parking, etc., autant de coûts cachés de l'augmentation de vitesse. Ce qui lui permet de calculer la « vitesse généralisée » que permet la possession d'un véhicule, relativement au statut de son propriétaire. Le tableau 2 donne les résultats principaux du calcul de l'époque, en km/h.

---

8 *Ibid.*, p. 222.
9 *Ibid.*, p. 313.

Tableau 2 *Vitesse généralisée de quelques moyens de transport*

Catégorie socioprofessionnelle	Bicyclette	2CV	Simca 1301	DS21
Cadre supérieur (Paris)	14	14	14	12
Employé (ville moyenne)	13	12	10	8
Ouvrier spécialisé (ville moyenne)	13	10	8	6
Salarié agricole (commune rurale)	12	8	6	4

Source : J.P. Dupuy et J. Robert, *La Trahison de l'opulence*, Seuil, Paris, 1976.

Sauf à supposer que tout le monde devienne cadre supérieur et connaisse donc un enrichissement sans précédent, la bicyclette permet de se déplacer plus vite que les trois véhicules à moteur examinés. Jean-Pierre Dupuy, qui s'était intéressé à ces travaux dans les années 1970 [10], a refait le calcul en 2002 et trouvé des résultats comparables [11].

Si, pour Illich, la croissance économique n'apporte plus le progrès, et ce même si l'on admet une distribution égalitaire des revenus, c'est pour des raisons d'encombrement. Si l'on continue de croire que la croissance réduit les inégalités et apporte le progrès en enrichissant tout le monde, c'est parce que la comptabilité est fausse et les représentations trompeuses. En fait, « passé un certain seuil de consommation d'énergie, l'industrie du transport dicte la configuration de l'espace social [12] », « au-delà d'une vitesse critique, les véhicules à moteur engendrent des distances aliénantes qu'eux seuls peuvent surmonter [13] » et « on constitue d'extrêmes privilèges au prix d'un asservissement général. En une vie de luxueux voyages, une élite franchit des distances illimitées, tandis que la majorité perd son temps en trajets imposés

10 J.-P. Dupuy et J. Robert, *La Trahison de l'opulence*, Seuil, Paris, 1976.
11 J.-P. Dupuy, *Pour un catastrophisme éclairé*, Seuil, Paris, 2002.
12 *Ibid.*, p. 397.
13 *Ibid.*, p. 402.

pour contourner les parkings et aérodromes [14] » qui ont été construits pour l'élite. « Un pays est surindustrialisé lorsque sa vie sociale est déterminée par l'industrie du transport qui détermine les privilèges de classe, accentue la pénurie de temps, enchaîne les gens à des réseaux et des horaires » qui ont été rendus nécessaires pour éviter l'encombrement provoqué par la hausse de vitesse [15]. La prise en compte de l'espace dans lequel se déploient les infrastructures nécessaires au bon fonctionnement des « progrès » techniques que sont la voiture ou le train à grande vitesse donne à voir une perspective toute différente de celle des discours officiels : le progrès de quelques-uns, dans le temps et dans l'espace, se paie de la régression de tous les autres. L'avion pour les uns, le changement climatique pour les autres. Si l'avion semble être un progrès, c'est parce que son coût social réel est caché, « externalisé », reporté dans l'avenir ou sur les parties les plus faibles de la population.

Dans *Némésis médicale*, Illich montre que les principales maladies (tuberculose, choléra, dysentrie, typhoïde, diphtérie, coqueluche, rougeole) ont quasiment disparu bien avant l'invention des vaccins et des antibiotiques. C'est l'environnement qui fut le premier déterminant, et non les progrès « médicaux ». Avec l'industrialisation apparaissent de nouvelles maladies et c'est celles-là que veut traiter la médecine de pointe. Pour lui, trois techniques ont probablement eu un impact supérieur à toutes les interventions médicales spécialisées : le traitement des eaux, la fosse septique, l'utilisation du savon et des ciseaux par les sages-femmes [16].

Pourtant, la plupart des pays investissent dans la haute technologie et les prouesses médicales. La médecine devient donc de plus en plus élitiste, de plus en plus inégalitaire.

---

14 I. Illich, *Énergie et Équité, in Œuvres complètes*, Fayard, Paris, 2004, p. 394.

15 *Ibid.*, p. 429.

16 *Ibid.*, p. 602.

On peut imaginer un jour qu'elle sera capable de changer toutes les parties du corps humain, mais seuls quelques-uns pourront y avoir accès. En attendant, une partie importante de la population mondiale ne dispose pas des trois innovations évoquées par Illich. Et le caractère privé ou étatique d'une telle médecine ne change rien sur le fond : si ce n'est pas l'argent, c'est l'encombrement qui viendra limiter le nombre d'heureux bénéficiaires. (Dans une économie étatisée, quand les dépenses de santé augmentent, c'est en premier lieu le poste administratif – la bureaucratie – qui en bénéficie.) Le prix des soins augmente, tout le monde paie pour ces prouesses et il n'y a plus d'argent pour acheter des ciseaux ou construire des fosses septiques. Les plus pauvres en viennent à ne plus pouvoir s'offrir l'essentiel : les lunettes, les frais dentaires ou encore un environnement de qualité. Et cela pendant qu'on transplante héroïquement un cœur à un heureux élu. Illich remarque que le fait est encore plus criant dans les pays du tiers monde : « Plus le pays est pauvre, plus les dépenses médicales se concentrent sur un petit nombre d'équipements et de spécialistes [17]. » Dès lors « c'est l'industrialisation, plus que l'homme, qui a profité des progrès de la médecine : les gens sont devenus capables de travailler plus régulièrement dans des conditions plus déshumanisantes [18] ».

Le progrès ici consisterait à ce que les investissements maximisent le résultat pour les plus pauvres, en veillant à ne pas déposséder le citoyen de ses capacités propres d'expertise sur le sujet. Pour un pays à faible capital économique, des programmes de « médecins aux pieds nus », des fosses septiques ou des unités de production de médicaments génériques sont plus adaptés que de grands hôpitaux. Les techniques locales sont trop souvent condamnées sans examen critique – les experts internationaux opposent médecine « traditionnelle »

---

17 *Ibid.*, p. 629.

18 I. Illich, *La Convivialité, in Œuvres complètes*, Fayard, Paris, 2004, p. 460.

et médecine « moderne », ils condamnent souvent la première sans qu'aucune étude expérimentale ne vienne démontrer son infériorité. Or elle peut se révéler efficace et adaptée (comme le caractère antibactériologique de l'arbre Neem, utilisé depuis longtemps en médecine ayurvédique indienne et disponible sur tout le territoire indien). Illich demandait ainsi que les deux médecines – la médecine « moderne » et cette médecine qu'il préfère appeler « vernaculaire » – fassent toutes deux la preuve publique de leur efficacité. Cette exigence minimale de rigueur scientifique, qui fait pourtant l'orgueil des politiques de « modernisation », est ignorée dans les faits : les techniques modernes sont mises en place par mimétisme et non à l'issue d'un examen critique. Dans les pays à fort capital économique, l'une des solutions passerait sans doute par une intégration de la santé dans l'éducation générale sans forcément passer par l'école – de manière à accroître la capacité d'autodiagnostic et de prévention. Le modèle dit « chinois », dans lequel le patient ne paie le médecin que si celui-ci réussit à le guérir, peut être très incitatif sur le plan économique, sans tomber dans l'apologie de l'automédication [19].

Au-delà de ces analyses sectorielles dans les domaines de l'énergie, de l'éducation ou encore de la médecine, Illich proposait une critique plus large de l'industrialisation. Pour tous les « progrès » apportés par l'industrie dans l'ordre de la productivité, il identifiait deux seuils. Le premier est franchi quand une activité sociale est confiée à un corps de spécialistes (la santé confiée aux médecins, par exemple). Le second est atteint lorsque la population est entièrement dépendante et que, « faute de moyens » (qui devraient de toute manière être infinis), il se crée une hiérarchie dans l'accès aux services. L'utilité marginale du surplus de spécialisation se met à décroître, car c'est l'institution qui crée la rareté à laquelle

19 J. Gernet, *La Chine à la veille de l'invasion mongole*, Philippe Picquier, 2008.

elle prétend ensuite pouvoir répondre : « Aux États-Unis, il faut être très riche pour se payer le luxe que tout le monde s'offre en pays pauvre : être assisté sur son lit de mort [20]. » Pour mener une « existence digne [21] », dans les pays développés, les personnes doivent consommer énormément, sous peine d'être exclues. Et cette consommation ne peut pas être facilement réduite, car elle est déterminée par la configuration des infrastructures. Comment vivre sans voiture dans une zone pavillonnaire ? Comment éviter le recours à l'ordinateur, quand la dématérialisation des procédures a conduit à une réduction drastique du nombre de guichets ? Dès lors la puissance de l'outillage se retourne contre l'homme : « La prise de l'homme sur l'outil s'est transformée en prise de l'outil sur l'homme [22]. »

Quelle est la solution ? Elle ne réside surtout pas dans un accroissement des moyens, ce qui se traduirait notamment par davantage de croissance économique. Elle ne réside pas non plus dans une « appropriation des moyens de production », comme le suggère la piste du marxisme traditionnel : « Aussi longtemps qu'on attaquera le trust Ford pour la seule raison qu'il enrichit M. Ford, on entretiendra l'illusion que les usines Ford pourraient enrichir la collectivité. [...] Le concept d'appropriation ne saurait s'appliquer à un outillage incontrôlable [23]. » Pour Illich la solution est de changer d'outillage et pour cela réformer les institutions. « C'est seulement si on inverse la logique de l'institution qu'il devient possible de renverser le mouvement. Par cette inversion radicale, la science et la technologie modernes ne seront pas annihilées, mais doteront l'activité humaine d'une efficacité sans

---

20 *Ibid.*, p. 462.

21 La dignité est une référence souvent utilisée pour définir la pauvreté et le niveau des minimas sociaux – voir V. Châtel et M.-H. Soulet, *Agir en situation de vulnérabilité*, Presses de l'université de Laval, Montréal, 2003, p. 73.

22 *Ibid.*, p. 469.

23 *Ibid.*, p. 489.

précédent[24]. » À l'« industrialisation du manque[25] », Illich oppose la « structure conviviale[26] ». À ses yeux, la sortie du système des besoins préconçus par le système industriel, loin d'être vécue comme le douloureux prix à payer d'une « amélioration de l'environnement » constituerait un mouvement d'émancipation véritable.

La décroissance renoue ainsi avec les critiques de la marchandise comme forme centrale et aliénante des sociétés développées, mais sous un angle nouveau. Conformément à certains écrits de Marx (tels les *Grundisse* ou certains passages clés du *Capital*), la particularité du fonctionnement du capitalisme tient en une inversion fondamentale : les rapports humains concrets et les rapports des êtres humains à la nature prennent de plus en plus l'apparence de rapports objectifs entre des choses. La transformation en argent de toute matière et de toute pratique sociale procure dorénavant un guide objectif aux actions humaines, leur ôtant toute possibilité d'élaborer de façon consciente leurs propres institutions.

Pour autant, la décroissance ne reprend pas le flambeau des marxismes hétérodoxes productivistes. Elle renoue plutôt avec des travaux théoriques importants tels que ceux issus de la première « école de Francfort » (Adorno, Marcuse), pour lesquels la spécificité historique des « sociétés de croissance » est la conséquence d'un processus de valorisation de la richesse particulier à l'œuvre dans le capitalisme. Cette conception particulière de la richesse, dite « bourgeoise », a été adoptée sans critique par les marxismes, d'où leur soutien aux politiques de croissance. La décroissance au contraire appelle à une émancipation des besoins marchands et des techniques industrielles qui permettrait d'ouvrir de nouveaux chemins pour l'évolution de nos sociétés. Elle trouve naturellement

---

24 *Ibid.*, p. 471.
25 *Ibid.*, p. 479.
26 *Ibid.*, p. 483.

écho dans de nombreuses œuvres littéraires et artistiques rétives à l'industrialisation du monde et pour lesquelles « la laideur est une promesse de malheur » (Stendhal). La surconsommation, en bref une certaine forme d'abondance, de richesse bourgeoise, c'est avant tout une atteinte à l'émancipation collective : voilà qui n'avait jamais été mis en évidence ni dans le marxisme ni dans le libéralisme classiques.

De l'entropie à la critique de l'économie politique

Après tout, les écologistes ne sont-ils pas des pessimistes ? N'oublient-ils pas l'existence de cette source illimitée d'énergie qu'est le soleil ? Et l'énergie nucléaire ? Cette source de puissance immense couplée à l'écologie n'ouvre-t-elle pas aussi une possibilité : le recyclage illimité ? Ce type de question organise la discussion autour de l'« entropie » et du second principe de la thermodynamique.

Ce qu'est exactement l'« entropie » dans l'économie est disputé, et l'on assiste souvent à de longs échanges ésotériques entre économistes et physiciens. Cette dispute ne doit pas égarer le lecteur car les enjeux peuvent être expliqués simplement. Le constat selon lequel le monde est soumis à des transformations irréversibles peut être fait par tout un chacun. L'irréversibilité peut prendre plusieurs formes. Elle peut être chimique : une fois brûlé, le pétrole est dissipé et ne peut tout simplement pas se reformer à l'échelle de l'espèce humaine. On peut sans doute produire des hydrocarbures à partir d'énergies renouvelables comme la biomasse (huile de colza, etc.) mais, comme nous le verrons plus loin, ces techniques impliquent d'autres limites, notamment en termes de surfaces utilisées. L'irréversibilité peut être mécanique : un métal est extrait de mines dans lequel il existe à l'état concentré, mais son utilisation le disperse de nouveau sans qu'il soit facile de le « reconcentrer » car tous les systèmes de recyclage consomment eux-mêmes de l'énergie et de la matière, et ils ne sont jamais efficaces à 100 %. Ainsi toute activité humaine transforme des ressources de « basse entropie » – des matières et énergies utilisables car de qualité adéquate – en ressources et matériaux de « haute entropie » qui ont la propriété d'être inutilisables par les êtres humains, voire par les êtres vivants en général : les zones stériles, les déchets et la pollution. Ce constat apparemment banal conduit à un monde très différent de celui des économistes traditionnels (et de la plupart des « hétérodoxes ») où aucun processus d'irréversibilité n'est jamais présenté, laissant penser que ce qui a été construit, accumulé, peut durer pour l'éternité.

Nicholas Georgescu-Roegen est connu pour avoir importé le thème de l'entropie en économie. Mathématicien de formation, il s'intéressa fort tard à l'économie. Alors qu'il obtient son doctorat de statistiques en 1930, son texte le plus important, *The Entropy Law and the Economic Process* (La loi de l'entropie et le processus économique), ne paraît qu'en 1971. Il fonde ce qu'il est convenu d'appeler le paradigme « bioéconomique », pour qui l'activité économique moderne, avec toutes ses machines thermiques peut être décrite comme un accélérateur de croissance de l'entropie – et donc une vaste entreprise de raréfaction matérielle des ressources utilisables au profit d'une croissance des zones stériles, des déchets et de la pollution. Il écrivait en 1971 que la fin de la phase industrielle serait atteinte d'autant plus vite que la croissance économique serait élevée [27]. Pour lui, chaque voiture produite l'est au détriment d'une autre à venir, chaque arme fabriquée est un soc de charrue en moins. La bioéconomie intègre parfaitement le fait que la technique est un phénomène culturel.

---

27 « La croissance pure ne peut excéder une limite certaine, difficile à déterminer, sans un accroissement [du taux global d'épuisement et du taux de pollution qui en découle] », N. Georgescu-Roegen, *Demain la décroissance...*, *op. cit.*, p. 106.

Elle souligne cependant que la matière travaillée est dotée de propriétés qui ne sont pas modifiables à loisir, d'où des conséquences politiques et civilisationnelles qui sont à mesurer.

Nicholas Georgescu-Roegen publie son grand ouvrage la même année qu'un autre texte, qui connut, lui, un grand succès : *Environment, Power and Society* (« L'environnement, l'énergie et la société ») de Howard T. Odum [28]. Ce dernier – frère d'Eugène Odum, auteur de très importants ouvrages d'écologie fondamentale et appliquée – peut être considéré comme le père de l'ingénierie écologique, ou écotechnologie [29]. Entre Nicholas Georgescu-Roegen et Howard T. Odum, il y a une grande différence. Ce dernier affirme en effet que « Georgescu-Roegen semble avoir tort pour ce qui est de la matière (qui, pour lui, se dissipe) et qui, en réalité, n'est perdue que localement car elle est recyclable par les grands systèmes naturels [30] ». C'est le soleil qui assure ce recyclage, et pour H. T. Odum il le fera encore pendant quelques milliards d'années. Il suffirait donc à l'être humain d'utiliser au mieux les écosystèmes pour continuer de croître encore un certain temps. La société doit donc entièrement basculer dans l'usage de ressources renouvelables. La lecture de H. T. Odum permet d'ouvrir la voie à la thèse d'un recyclage illimité, une voie ouverte en grand par Kenneth E. Boulding et que suivront en France René Passet [31] et les tenants de l'« écologie industrielle [32] ». En 2001, H. T. Odum s'accorde toutefois avec Georgescu-Roegen sur l'inévitabilité de la décroissance [33], à cause du manque de ressources fossiles, débouchant sur un

---

28 H. T. Odum, *Environment, Power, and Society*, Wiley-Interscience, New York, 1971.

29 J. Grinevald, « Georgescu-Roegen : bioéconomie et biosphère », *loc. cit.*, 1993.

30 G. Pillet et H. T. Odum, *Énergie, écologie, économie*, Georg, Genève, 1987.

31 R. Passet, *L'Économique et le vivant*, Economica, Paris, 1979.

32 S. Erkman, *L'Écologie industrielle*, Charles Leopold Mayer, Paris, 2004.

33 Howard T. Odum et Elisabeth C. Odum, *A Prosperous Way Down : Principles and Policies*, University Press of Colorado (2001 pour la 1re édition), 2008, 348 p.

niveau très bas d'utilisation de l'énergie et de la matière. Cet état ne serait pas forcément morose à la condition que la société décide d'accompagner cette transformation. La société doit donc entièrement basculer dans l'usage de ressources renouvelables, mais à un niveau de consommation très faible pour permettre la reconstitution des stocks.

Né à Liverpool, Kenneth E. Boulding (1910-1993), méthodiste devenu quaker, est naturalisé américain en 1948. Économiste et pacifiste engagé, auteur d'un article célèbre, « The economics of the coming spaceship Earth [34] », il fut nominé plusieurs fois pour le prix Nobel, dans les domaines de l'économie et de la paix. L'article fut présenté pour la première fois au 6e forum de Resources for the Future, un *think tank* américain, à Washington le 8 mars 1966. C'est à K. E. Boulding qu'est attribuée la citation célèbre, introuvable dans l'article et dont l'origine reste difficile à situer : « Celui qui croit qu'une croissance exponentielle peut continuer indéfiniment dans un monde fini est soit un fou, soit un économiste. » Contrairement à ce que laisse penser cette citation, K. E. Boulding repousse la fin de la croissance dans un avenir lointain, mais il met une condition : que nous cessions d'agir comme si les ressources étaient illimitées et que nous prenions en compte les enseignements de l'écologie. Il représente l'activité économique comme une « éconosphère » qui se maintient et croît en absorbant de la matière, de l'énergie et de l'information (*input*), et rejette des déchets. Boulding affirme que l'entropie s'applique aux trois : on peut voir dans le monde des processus qui dispersent l'information, la matière et l'énergie, et d'autres processus qui les concentrent. À la différence de Georgescu-Roegen, K. E. Boulding estime que l'entropie de la matière est retardable moyennant

---

34 K. E. Boulding, « The economics of The coming spaceship Earth », *in* H. Jarret (dir.), *Environmental Quality in a Growing Economy*, Johns Hopkins University Press, Baltimore, 1966.

davantage d'énergie et de savoir. Parce que nous avons commencé par exploiter les sources les plus faciles d'accès, il existe des sources d'énergie sous-utilisées : l'énergie nucléaire, sous forme solaire ou sous forme de centrales nucléaires, l'énergie du sous-sol, celle des vagues, etc. Le savoir permettra de progresser dans la production et la collecte de ces formes d'énergie. L'énergie solaire est abondante et disponible en quantités qui sont plusieurs milliers de fois supérieures à ce que l'économie mondiale consomme aujourd'hui comme énergie de toutes origines. L'enjeu est de réussir à capter cette énergie solaire en quantités significatives. C'est ce que permettra la progression du savoir, avec la mise au point de diverses techniques de collecte, de stockage et de distribution – dont l'hydrogène. L'énergie nucléaire est aussi potentiellement illimitée, une idée reprise par les lobbies nucléaires depuis l'engagement des États à réduire les émissions de gaz à effet de serre. L'épuisement des ressources fossiles ne nous contraindra donc pas à la décroissance, mais il nous obligera à quitter la « *cowboy economy* », dans laquelle la ressource est abondante et facile d'accès, pour une « *spaceship economy* », dans laquelle tout est limité. Il s'agira de gérer des flux et non plus de puiser dans des stocks.

On le voit, la discussion est serrée. Il y a accord de tous sur le fait que les mines et gisements fossiles (charbon, gaz, pétrole, uranium) sont sujets à la « courbe de Hubbert » : après une période de rendements croissants au cours de laquelle plus on cherche, plus on trouve et on exploite le minerai de meilleure qualité, arrive une période de rendements décroissants au cours de laquelle la qualité se dégrade et l'énergie dépensée pour obtenir une masse donnée de matière pure augmente de manière exponentielle. L'objet du désaccord porte sur les moyens de capter l'énergie solaire, le recyclage et la substitution – et les implications politiques des choix qui seront faits.

Les objecteurs de croissance qui suivent ces débats se rangent du côté de Georgescu-Roegen. Ils n'ignorent pas l'abondance de l'énergie solaire mais estiment que la part récupérable est faible lorsqu'elle est comparée à l'énorme masse d'énergie fossile sur laquelle repose la société industrielle. Le solaire est diffus, en obtenir de grandes quantités exige de grandes surfaces, ce qui le fait entrer en concurrence avec d'autres usages des sols : alimentation, habitat, etc. Les fossiles avaient l'immense avantage d'être de l'énergie stockée sous une forme extrêmement concentrée, ce qui permettait un usage décentralisé. Difficile à stocker, peu concentrée, l'énergie solaire se transporte peu. Et, dans les recherches en cours, rien n'indique que ces différents obstacles puissent être facilement levés, à grande échelle, et dans un futur proche. K. E. Boulding mettait ses espoirs dans la fusion nucléaire. Or elle n'est toujours pas au point, ne le sera sans doute pas avant longtemps et rien ne démontre qu'elle le sera un jour (et encore moins qu'elle est souhaitable...). Le nucléaire classique, outre les risques qu'il implique, est sujet à l'épuisement des ressources en matériau fissile. L'uranium est certes présent en grandes quantités sur l'ensemble de la surface de la planète mais le plus souvent dans des quantités infimes, ce qui crée un cercle vicieux : pour le récupérer il faudrait de grandes sources d'énergie, qui elles-mêmes demandent beaucoup d'uranium, etc.

Pour les objecteurs de croissance, c'est surtout sur le plan politique que les pistes suggérées par K. E. Boulding sont inacceptables. Elles tentent de ramener l'enjeu écologique à une question technologique, à un enjeu de gestion – sous prétexte de ne pas toucher à la « souveraineté du consommateur », au style de vie moderne et au « progrès ». K. E. Boulding préconise des solutions centralisées, risquées, exigeant une surveillance de tous les instants – à l'instar du nucléaire ou de l'usage de l'hydrogène pour transporter et distribuer l'énergie. Le transport du combustible nucléaire, à la différence du charbon, est d'ores et déjà soumis à une logique militaire. Le refus de remettre en cause les styles de vie existants nous conduit vers une société policière, autoritaire sacrifiant peu à peu les libertés fondamentales à la sécurité. Ces solutions sont en outre fortement inégalitaires, car hors de portée pour la plus grande partie de la population mondiale, qui dispose de peu de capital technique.

Plutôt que de parier sur des miracles technologiques dont on peut d'ores et déjà prévoir le caractère liberticide et inégalitaire, nombre d'objecteurs de croissance pensent que nous devons nous appuyer sur l'existant et rechercher une voie plus démocratique et plus équitable, à l'échelle globale. Et, avec les techniques existantes, le consensus aujourd'hui est que le renouvelable pourrait fournir environ la moitié de l'énergie commerciale utilisée actuellement [35]. C'est en s'appuyant sur ces estimations que les objecteurs de croissance cherchent à proposer de nouveaux modes de vie.

Ce résultat rejaillit sur la question de la matière. Georgescu-Roegen ne niait évidemment pas la possibilité du recyclage, mais il jugeait impossible de tout recycler à des niveaux élevés. S'il est vrai que la nature recycle la quasi-totalité de ce qu'elle consomme, il est aussi vrai que l'industrie utilise surtout des matériaux issus des mines et non des écosystèmes. Ils ne s'insèrent pas facilement dans les cycles écologiques globaux, ils tendent au contraire à les perturber et à les dégrader, comme par exemple les métaux lourds contenus dans les batteries qui viennent empoisonner la chaîne alimentaire. Par quoi remplacer le lithium ? À ce jour aucun substitut renouvelable n'est connu. Le lithium extrait d'une mine, quand il est dissipé, ne reforme pas spontanément une mine de lithium ! Il ne reste que le recyclage humain, qui n'est jamais de 100 %. La dispersion des métaux lourds est plus lente et plus insidieuse mais elle continue. Collecter des métaux tels que le lithium dispersé en très fines particules en vue d'un recyclage est impossible – l'énergie qu'il faudrait dépenser est trop

35 J.-M. Jancovici et A. Grandjean, *Le Plein s'il vous plaît*, Seuil, Paris, 2006.

importante. Même l'or, que l'on conserve pourtant précieusement dans le monde entier, subit régulièrement des pertes du fait de sa dispersion. Vouloir récupérer tous les métaux dans les mêmes proportions que l'or imposerait un système extrêmement contraignant de réglementation. Les conséquences politiques seraient effrayantes : il faudrait punir sévèrement toute perte, même accidentelle.

À cela les économistes répondent qu'on peut toujours substituer une ressource à une autre. C'est oublier que les éléments naturels possèdent des qualités particulières, ce qui permet de les identifier comme tels. La terre ne sera jamais un bon conducteur d'électricité, le sable ne permettra jamais de faire de bonnes fondations, la pierre ne réchauffera pas les chaumières. Pour les objecteurs de croissance l'espoir de substitution est un leurre qui permet de ne pas ouvrir le débat sur les finalités du style de vie moderne.

Le champ ouvert par cette discussion est toutefois assez large, il n'est pas simple de déterminer les arbitrages entre besoins, recyclage, collecte et substitution. Ainsi est né un domaine de recherche à la frontière de l'économie et de nombreuses disciplines : l'« économie écologique ». K. E. Boulding, N. Georgescu-Roegen et H. T. Odum sont considérés comme les trois fondateurs de cette vaste branche de l'économie qui refuse de réduire la question de la nature à sa valeur monétaire et renoue avec la question de la « valeur intrinsèque », c'est-à-dire non marchande » de la nature. À l'inverse, l'économie de l'environnement et des ressources naturelles estime que le marché alloue les ressources de manière efficace, à condition d'en corriger les « imperfections » marginales. Ici l'agent économique est considéré comme rationnel : s'il consomme le pétrole, c'est parce que tel est son désir. Si, pour l'économie écologique, l'économie n'est qu'un sous-système des écosystèmes et si capital technique et capital naturel ne sont pas entièrement substituables, au contraire pour l'économie standard la nature est un capital parmi d'autres et la croissance peut continuer indéfiniment car une solution technique est toujours possible.

L'économie écologique a donné naissance à une société savante, l'International Society for Ecological Economics (ISEE), longtemps présidée par l'économiste américain Herman Daly (né en 1938), ancien élève de Georgescu-Roegen. Il a été critiqué par son maître au début des années 1970 pour son plaidoyer en faveur de l'« état stationnaire » comme alternative à la croissance. À mi-chemin entre écoénergétique et bioéconomie, H. Daly a montré que l'enjeu d'une économie soutenable ne concerne pas seulement la composition mais aussi la taille d'une économie [36]. Pendant longtemps, H. Daly a appelé de ses vœux un état stationnaire afin de soulager les écosystèmes naturels malmenés [37]. Dans cette perspective, l'état stationnaire est conçu comme l'aboutissement « apaisé » d'une société dans laquelle les besoins matériels sont désormais satisfaits et sont globalement stables. Peu avant le colloque organisé en 2008 à Paris sur la décroissance, H. Daly a endossé l'idée de décroissance, étant désormais convaincu que la taille de l'économie industrielle a définitivement dépassé tout ce qu'il serait possible de faire avec l'éco-ingénierie et les écotechnologies.

Ces préoccupations ne sont pas nouvelles. La plupart des économistes du XIXe siècle (Ricardo, Mill, etc.) les plus favorables à l'économie marchande envisageaient, et pour certains souhaitaient, une sortie de l'économie de croissance par la survenue d'un « état stationnaire », soit une croissance nulle. Pour Ricardo, cet état stationnaire serait la conséquence

---

36 H. Daly et J. B. Cobb, *For the Common Good. Redirecting the Economy Towards Community, the Environment and a Sustainable Future*, Beacon Press, Boston, 1989.

37 H. Daly et K. N. Townsend, *Valuing the Earth : Economics, Ecology, Ethics*, MIT Press, 1992.

de la croissance démographique conjuguée aux rendements décroissants de la terre. Pour J. S. Mill, cet état surviendrait en raison de la satisfaction des besoins, qui ne pouvaient pas être illimités : « Le meilleur état pour la nature humaine est celui où, personne n'étant pauvre, personne ne désirerait être plus riche, ni n'aurait de raison de craindre d'être repoussé par les efforts de ceux qui se pousseraient en avant [38]. » « Si la terre devait perdre la plus grande partie de sa beauté en raison des dommages provoqués par une croissance illimitée de la richesse et de la population [...], alors je souhaite sincèrement, pour le bien de la postérité, qu'on se contente de rester là où l'on est dans les conditions actuelles, avant que nous soyons contraints de le faire par nécessité [39]. »

D'une manière générale, ces économistes, dits « classiques », s'inquiétaient des limites que la capacité de charge de la planète, le caractère limité des terres arables et l'épuisement des ressources non renouvelables imposeraient à l'expansion de l'économie [40]. L'écologie rejoint ainsi ce que la discipline économique connaît sous le nom de « clause de Locke ». John Locke, philosophe du XVIIe siècle, affirmait : « Dieu a donné toutes choses en abondance. [...] Tout ce qu'un homme peut utiliser de manière à en retirer quelque avantage quelconque pour son existence sans gaspiller, voilà ce que son travail peut marquer du sceau de la propriété. Tout ce qui va au-delà excède sa part et appartient à d'autres [41]. » Et un peu plus loin : « Nul ne pouvait s'estimer lésé de voir une

38 J. S. Mill, *Principles of Political Economy*, University of Toronto Press, Routledge and Kegan Paul, 1965, p. 754, cité *in* R. Dehem, *Histoire de la pensée économique*, Dunod-Presses de l'université de Laval, Québec, 1984, p. 218.

39 J. S. Mill, *Principi di economia politica*, Utet, Torino, 1979, p. 748-751. Traduction de S. Latouche.

40 C. Kerschner, « Economic degrowth *vs* the steady state economy : Complements or contradiction » *in* F. Flipo, F. Schneider (dir.), *Proceedings of degrowth conference, op. cit.*

41 J. Locke, *Deuxième Traité du gouvernement civil* [1690], Vrin, Paris, 1985, chapitre V.

autre personne boire, même à pleine rasade, s'il lui laissait toute rivière de la même eau pour étancher sa soif. Ce qui vaut pour l'eau vaut identiquement pour la terre, s'il y a suffisamment des deux. » Locke ne faisait que reprendre une idée assez courante à l'époque, celle que la terre a été donnée en commun et donc que chacun a droit à sa part, une idée qui se retrouve chez saint Augustin, Kant ou Grotius.

Le plus grand économiste du XXe siècle – John M. Keynes – envisageait également la survenue d'une économie à l'état stationnaire. Keynes le souhaitait ardemment, anticipant qu'alors les populations largement soulagées des tâches de travail les plus harassantes pourraient enfin jouir des vrais plaisirs de la vie : « Ma conclusion est la suivante : en admettant qu'il n'y ait pas d'ici là de grande guerre ou un accroissement considérable de population, le problème économique peut être résolu, ou du moins en bonne voie de solution d'ici cent ans. Cela signifie que le problème économique n'est pas – si l'on considère l'avenir – le problème éternel de l'humanité [42]. »

De la critique démocratique à la critique culturaliste

C'est la menace que la société de consommation fait peser sur les libertés individuelles et collectives qui a poussé B. Clémentin et V. Cheynet à proposer la « décroissance », ce « mot-obus » [43]. Il fallait régénérer l'espace public, l'agiter, briser le consensus pesant, mettre des questions nouvelles à l'agenda. Créée en 1999, *Casseurs de Pub*, « la revue de l'environnement mental » comme l'indique son sous-titre,

---

42 J. M. Keynes, « Perspectives économiques pour nos petits-enfants », *Essais de persuasion*, Gallimard, Paris, 1931, p. 6.

43 P. Ariès, *Décroissance ou barbarie*, Golias, Villeurbanne, 2005.

pointait déjà cette direction et avait déjà produit une imagerie percutante tournée vers la dénonciation de l'aliénation consumériste : serveurs de McDonald's représentés sous les traits d'ouvriers soviétiques au garde-à-vous, etc.

Ce que reprochent B. Clémentin et V. Cheynet à l'environnementalisme et à l'écologisme de gouvernement, critiquant tous deux la société de consommation, c'est de ne pas oser s'attaquer franchement à la source principale de l'oppression : les modes de vie imposés par la machinerie sociale, le « bonheur conforme » et leurs vecteurs privilégiés que sont la publicité et le faux discours de liberté qu'elle véhicule. La publicité cache ce qui découragerait les ventes, elle donne à voir au citoyen un monde enchanté dans lequel les OGM sauvent les affamés, les centrales nucléaires sont propres et les ouvriers sont des « partenaires » de leurs patrons. En se spécialisant dans les normes de sécurité industrielle, la réglementation sur les OGM et les sacs plastique, l'écologie est non seulement condamnée à l'échec mais aussi contrainte de faire le jeu des technocrates liberticides – à son corps défendant.

L'instabilité du monde, les inégalités sociales, l'illusion dans laquelle se trouve l'électeur de peser réellement sur la vie de la Cité alors qu'il est d'abord un consommateur ne constituent nullement un effet secondaire imprévu de la vie des sociétés modernes mais bien le résultat inéluctable de leur division poussée à l'extrême. V. Cheynet le sait d'autant mieux qu'il vient du monde de la publicité, et qu'il possède à ce titre une solide expertise sur le rôle de la propagande et de la déstabilisation psychique. Paul Ariès, auteur de plusieurs ouvrages critiques sur l'emprise de l'industrie publicitaire, notamment sur les plus jeunes, insiste sur le fait que la publicité n'a plus rien à voir avec la « réclame » des années 1970 [44] :

---

44 P. Ariès, *Putain de ta marque. La pub contre l'esprit de révolte*, Golias, Villeurbanne, 2003.

elle véhicule désormais des valeurs et structure des modes de vie, des identités. Ce n'est pas un hasard si nombre de jeunes « pauvres » cherchent par tous les moyens à se vêtir avec des marques – et boudent souvent le bulletin de vote ou l'engagement militant. C'est autour des multinationales et leur culture ultracompétitive, sur le modèle du sport de haut niveau, que leur identité se structure désormais. Ici aussi la décroissance sert à briser l'idéologie de la société de croissance qui restreint considérablement la liberté des êtres humains.

La décroissance comme « mot-obus » met sur l'agenda public des enjeux qui sans cela resteraient la propriété privée des experts en tout genre. Le « Grenelle de l'environnement » lancé en 2007 est l'exemple même de cette mascarade qui ne résout rien : des mois et des mois de discussions entre « représentants » de différentes entreprises et associations n'ont abouti qu'à un flot de textes qui s'est perdu dans les sables, faute de soutien populaire [45]. La décroissance a pour mission de revitaliser les passions nécessaires à l'existence d'un espace public dynamique et apte à critiquer les normes établies, cela dans des domaines où règne un faux consensus pesant et mortifère.

Ce souci explique aussi que V. Cheynet et B. Clémentin soient critiques envers l'idée d'une simple réduction du temps de travail. Pour eux l'enjeu est aussi de réduire le temps de consommation, car ce temps n'est pas un temps libre mais bien un temps aliéné. Ces deux réductions sont une condition nécessaire d'un monde plus démocratique, car l'augmentation du temps nécessaire au débat se traduira inévitablement par un recul du temps dévolu à la production et à la consommation.

---

45 *Casseurs de Pub* est à l'origine d'un « Contre-Grenelle » qui eut lieu à Lyon peu avant le Grenelle officiel.

De telles idées ne pouvaient laisser les milieux libertaires indifférents, pour lesquels il ne fait aucun doute que la société de croissance est nécessairement une société fortement étatisée et bureaucratisée. Serge Latouche cite fréquemment l'auteur grec Takis Fotopoulos [46] qui ne propose rien moins que de relocaliser la politique dans des ensembles à taille humaine, les seuls qui lui semblent gouvernables. Takis Fotopoulos parle de « démocratie généralisée » et y voit la solution au défi écologique tout comme aux contradictions économiques. Il préconise une « confédération de *dèmoi* », c'est-à-dire de petites unités homogènes de 30 000 habitants environ. Ce chiffre permet selon lui « de satisfaire localement la plupart des besoins essentiels [47] ». S. Latouche se réfère aussi à l'idée de « républiques de quartier », proposée par Alberto Magnaghi [48].

Les mouvements de la décroissance sont aussi des partisans actifs de la « démocratie participative », un terme qui prend son origine dans la critique de la démocratie représentative, à la fin des années 1960. Le terme connaît un renouveau dans les années 1990, notamment avec les questions de « démocratie technique ». Différentes propositions ont été faites dans ce domaine, comme les « jurys de citoyens » (ou « conférences de citoyens »), les budgets participatifs (sur le modèle de celui de la ville de Porto Alegre au Brésil), les conseils de quartier, etc. Les mouvements de la décroissance s'inscrivent pour la plupart dans ce processus. Ce sont les assemblées journalières, les discussions de village et de quartier lors des « marches de la décroissance » évoquées plus haut. Les groupes locaux qui se développent en France mettent un accent particulier sur le caractère participatif des

46 T. Fotopoulos, *Vers une démocratie générale*, Seuil, Paris, 2002.
47 S. Latouche, *Le Pari de la décroissance*, Fayard, Paris, 2006, p. 207.
48 S. Latouche, « Vers la décroissance – Écofascisme ou écodémocratie », *Le Monde diplomatique*, novembre 2005.

délibérations. Une rencontre à Gaillac en 2006 était entièrement consacrée au thème des modes de décision hautement participatifs.

Le tableau ne serait pas complet si nous faisions état des vives divergences qui peuvent opposer les différents courants sur le plan des conceptions de la démocratie. V. Cheynet ne s'inscrit pas dans les courants libertaires, par exemple ; il se déclare en faveur d'un républicanisme légaliste et se présente aux élections, ce qui n'interdit pas de mener des actions de désobéissance civile pour changer la législation. Certains courants reprochent aussi au « mot-obus » de résumer le souci démocratique à provoquer et entretenir le dissensus. On se gardera toutefois de figer dans l'analyse les positions politiques des différents courants car celles-ci évoluent avec l'état de la réflexion et des rapports de forces.

La vertu percutante de la décroissance a attiré le regard culturaliste et « antiutilitariste » qui s'interroge et s'inquiète lui aussi depuis fort longtemps des conséquences de l'« économicisation » progressive des sociétés, que ce soit sous l'égide du marché ou du Plan. Issue de l'anthropologie, cette source est principalement représentée par Serge Latouche, professeur émérite d'économie dont l'objet principal est la critique du développement et de la marchandisation du monde.

Serge Latouche fait partie d'un courant intellectuel transnational principalement représenté en France par l'association La Ligne d'horizon, les Amis de François Partant [49], qui compte dans ses rangs l'agronome François de Ravignan [50] et la socioéconomiste Sylvia Perez-Vitoria [51], qui ont beaucoup

49 <lalignedhorizon.org>.

50 F. de Ravignan, *La Faim pourquoi ?*, La Découverte, Paris, 1983, réédition 2009.

51 S. Perez-Vitoria, *Les Paysans sont de retour*, Actes Sud, Arles, 2005. Spécialiste de l'agroécologie elle a coordonné le numéro de la revue *L'Écologiste* sur le sujet (n° 14).

écrit sur les sociétés paysannes. Ses objectifs sont de diffuser et faire connaître les écrits de François Partant (1927-1987), un économiste qui a travaillé en tant que banquier du développement. Après avoir conseillé le shah d'Iran et divers gouvernements de pays « sous-développés », François Partant a entrepris une critique radicale du développement [52]. François de Ravignan a suivi une trajectoire similaire, parti dans les pays « sous-développés » avec une solide foi dans le développement, il est revenu avec la ferme conviction que le problème le plus urgent n'était pas au Sud mais au Nord.

Les autres représentants de ce courant antidéveloppementaliste sont nombreux dans le monde. En Suisse, Gilbert Rist a écrit une « histoire du développement » qu'il voit comme une « croyance occidentale [53] » destinée à s'éteindre prochainement car elle ne peut plus masquer les problèmes énormes qu'elle engendre. Depuis la Norvège, Helena Norberg-Hodge [54] a voulu prendre au sérieux le mode de vie des habitants du Ladakh, le « petit Tibet », qu'elle fut parmi les premières Occidentales à visiter. Elle montre que les Ladakhis ne se contentent pas de survivre : ils « prospèrent » d'une certaine manière, au sens où ils connaissent une richesse culturelle qui tend à disparaître avec la modernisation.

En Inde, la figure de proue de ce courant est la célèbre écoféministe Vandana Shiva, qui dirige la Fondation de recherche pour la science, les technologies et les ressources

---

52 F. Partant, *La Fin du développement. La naissance d'une alternative ?* [1982], Babel, Paris, 1997 ; *La Ligne d'horizon. Essai sur l'après-développement*, La Découverte, Paris, 1988.

53 G. Rist, *Le Développement. Histoire d'une croyance occidentale*, Presses de Sciences Po, Paris, 1996.

54 H. Norberg-Hodge, *Ancient Futures. Learning from the Ladakh*, Sierra Club Books, 1992. Son livre a été traduit en plus de trente langues et il a donné lieu à une adaptation au cinéma.

naturelles. V. Shiva s'est fait une spécialité de dénoncer les méfaits des multinationales occidentales dans le domaine de l'agriculture et plus spécifiquement des semences[55]. Du côté de l'Amérique latine, le Mexicain Gustavo Esteva fit partie du gouvernement Echevarria de 1970 à 1976 avant d'en démissionner et de devenir, bien plus tard, l'un des conseillers de l'armée zapatiste de libération nationale au Chiapas. Avec le grand théoricien du postdéveloppementisme allemand, Wolfgang Zachs, G. Esteva a signé un livre très critique à l'endroit des théories du développement, *Des ruines du développement*[56]. Wolfgang Sachs de son côté, membre du Wuppertal Institute et de la Fondation Heinrich Böll en Allemagne, les deux principaux *think tanks* écologistes allemands, a dirigé le *Development Dictionary*, qui rassemble des contributions de la plupart des auteurs cités jusqu'ici[57]. Enfin Majid Rahnema, représentant de l'Iran auprès de l'ONU dans les années 1960, est un ancien ministre de l'Enseignement supérieur, auteur d'un ouvrage remarqué sur la distinction entre misère et pauvreté[58].

Le courant culturaliste met en cause la supériorité de la « modernité » entendue au sens normatif comme la supériorité du mode de vie de la ville sur la campagne, des « développés » sur les « primitifs », des « technologiquement avancés » sur les « arriérés ». Et, s'il nie cette supériorité, ce n'est pas pour inverser le signe des distinctions faites par les Modernes et se déclarer en faveur de la tradition, mais plutôt pour montrer que ces oppositions sont inaptes à saisir ce qui peut constituer véritablement un progrès. Sur le plan

---

55 V. Shiva, *Le Terrorisme alimentaire. Comment les multinationales affament le tiers monde*, Fayard, Paris, 2001 ; *La Biopiraterie ou le pillage de la nature et de la connaissance*, Alias, 2002.

56 W. Sachs et G. Esteva, *Des ruines du développement*, Écosociété, Montréal, 1996.

57 W. Sachs (dir.), *The Development Dictionary : A Guide to Knowledge as Power*, Zed Books, Londres, 1992. Le livre a été traduit dans de nombreuses langues.

58 M. Rahnema, *Quand la misère chasse la pauvreté*, Fayard, Paris, 2003.

écologique par exemple, d'innombrables études montrent que des sociétés dites « primitives » ont été (et sont toujours) capables de gérer durablement leur environnement, et ce en l'absence totale de « science moderne » [59]. Le prix Nobel d'économie 2009 a même été décerné à une chercheuse, Elinor Ostrom, qui démontre en creux que l'absence de modernité n'est pas un obstacle rédhibitoire sur la voie d'une société écologique.

On se gardera bien sûr d'en faire une règle générale. L'exemple de l'île de Pâques est là pour montrer qu'une société technologiquement peu avancée peut organiser la destruction de son environnement et, par là même, sa propre disparition, bref que l'absence de modernité ne garantit pas la soutenabilité écologique [60]. Il reste que « science moderne » ne peut plus être synonyme de « domination de la nature ». Au contraire, la crise écologique *globale* que nous connaissons aujourd'hui est concomitante de la « modernisation », qui s'accompagne *universellement* de la destruction de l'environnement et de risques majeurs tels que le nucléaire, l'épuisement des ressources ou le changement climatique. *Aucun* pays « moderne » ne possède une empreinte écologique faible. L'écologie démontre que la prétention de la modernité à devenir une norme universelle est devenue hautement problématique – sinon impossible. Et cela alors que rien, concrètement, n'indique que la « technologie » soit capable de trouver une solution : au contraire, un examen attentif des débats en cours montre que les ingénieurs, se sentant dépourvus une fois la crise écologique venue, en appellent maintenant à un « changement de comportement ». Ces remarques vaudraient aussi dans d'autres domaines, tels que

---

59 Voir par exemple R. Wade, *Village Republics*, The World Bank, 1988 ou P.S. Ramakrishnan, *Ecology and Sustainable Development*, National Book Trust of India, Delhi, 2001.

60 J. Diamond, *Effondrement. Comment les sociétés décident de leur disparition ou de leur survie*, Gallimard, Paris, 2009.

la démocratie, la convivialité ou le règlement des conflits, nous y ferons référence plus loin.

Pour domestiquer le productivisme sauvage, le courant culturaliste met en avant la transformation des valeurs sociales et culturelles davantage que des changements de législation ou de « style de vie » au sens économique d'un choix de mode de consommation. Cette approche se démarque de toutes les analyses économiques, y compris la « théorie de la dépendance », notamment défendues par des auteurs anti-impérialistes du Sud tels que l'économiste égyptien Samir Amin. Dans un ouvrage consacré à l'« eurocentrisme », celui-ci reconnaissait la portée universelle du capitalisme, tout en déplorant ses modalités d'application, insensibles aux contextes locaux [61]. Pour l'approche culturaliste, au contraire, l'ambition est de parvenir à « ré-encastrer » l'économie dans la société, pour reprendre les termes de Karl Polanyi qui, en 1944, proposa une histoire du capitalisme qui fit date [62]. Polanyi expliquait que la société de marché s'est constituée en transformant en marchandise la monnaie, la terre et le travail qui avaient jusque-là été soigneusement préservés de la régulation marchande. Pour lui, l'émergence du nazisme et du fascisme fut la conséquence directe du coût social énorme que cette marchandisation a provoqué. L'État-providence et l'approfondissement de la démocratie ont pu rétablir l'équilibre mais, à sa suite, le courant culturaliste estime que le processus de « marchandisation du monde » est toujours en cours, qu'il est redevenu sauvage. Celui-ci touche même le fonctionnement interne de l'État du fait du *New Public Management* (le management selon les méthodes des entreprises privées). Si elle ne veut pas

---

61 S. AMIN, *L'Eurocentrisme*, Economica, Paris, 1998.

62 K. POLANYI, *La Grande Transformation. Aux origines politiques et économiques de notre temps* [1944], Gallimard, Paris, 1983.

sombrer dans la violence, à nouveau, la société doit instituer les médiations permettant de domestiquer le marché.

Dans ce cadre, il faut accorder une place aux positions défendues par le Mouvement anti-utilitariste en sciences sociales (M.A.U.S.S.), animé par le sociologue Alain Caillé [63] – dont fait également partie Serge Latouche. La thèse principale du M.A.U.S.S. est que la conception de l'être humain comme « agent économique » (l'*Homo oeconomicus* dans la littérature savante) est liée à une forme sociale parmi d'autres. Construction humaine et non être de nature, il peut donc être défait. Au cœur du fait humain se trouve le « don » entendu comme triple obligation de donner, recevoir et rendre, comme acte créateur de symboles, de commun, qui est un invariant anthropologique. Le M.A.U.S.S. entend remplacer l'universalisme que propose la « science économique » par l'universalisme du don, qui conduit à défendre l'idée de sociétés fondées sur l'association et non sur l'entreprise à but lucratif [64]. Au contraire de l'*Homo donator*, l'« homme économique » théorisé par le courant dominant en économie, dit « néoclassique », agit selon le critère d'un échange local mutuellement bénéfique, sans reconnaître aucune dette sociale, sans besoin de se situer dans un univers de sens. Pour les néoclassiques, la vertu du lien économique réside justement dans la « main invisible » qui vient transformer les vices privés en vertus publiques sans qu'il y ait besoin de construction d'un ordre symbolique et normatif commun. Pour le M.A.U.S.S., cet échange économique est destructeur de tout lien social ; il est créateur de conflit, s'il n'est pas encadré par le don.

---

63 A. Caillé, *Critique de la raison utilitaire. Manifeste du M.A.U.S.S.* [1984], La Découverte, Paris, 2003.

64 Voir en particulier P. Chanial, « La délicate essence du socialisme », *Revue du Mauss permanente*, 2010, disponible sur <http://www.journaldumauss.net> ; *Justice, don et association. La délicate essence de la démocratie*, La Découverte, Paris, 2001.

Tous les membres du M.A.U.S.S. ne partagent pas un égal intérêt pour la décroissance ni pour l'écologie mais, pour ceux qui s'en réclament, cet engagement est une nouvelle manière de mobiliser l'imaginaire antiutilitariste que le courant appelle depuis longtemps de ses vœux. Si nous voulons ouvrir de nouvelles possibilités d'évolution pour notre société, nous devons retrouver en nous et hors de nous notre nature et tous les possibles qu'elle offre, opérer un changement d'identité. Serge Latouche affirme ainsi qu'un « autre monde possible » ne peut être atteint qu'en « décolonisant notre imaginaire » des représentations économiques et développementalistes qui s'y trouvent déposées ; ainsi pourrons-nous enfin nous rendre compte qu'un « autre monde » ne se trouve pas dans un arrière-monde mythique ou une utopie inaccessible, mais dans ce monde-ci. Le terme « décroissance », résonne comme un coup de tonnerre dans l'espace symbolique, qui provoque l'arrêt, l'étonnement et vide le bain de croissance dans lequel nous évoluons sans nous en rendre compte au quotidien.

Pourquoi ne pas avoir simplement recouru à Marx, qui a lui aussi voulu déconstruire l'homme économique ? Pour aller droit au but, la thèse marxiste a été prise en défaut à partir du moment où la classe ouvrière qui devait porter le fer de l'émancipation a été fonctionnellement intégrée dans les valeurs dominantes d'enrichissement par l'intermédiaire de la société de consommation, devenant incapable de critiquer la croissance de ce que Marx appelait les « subsistances » (la consommation des travailleurs). De fait, les mouvements ouvriers ont été peu critiques par rapport à la croissance de la consommation. Ce que Moishe Postone appelle le « marxisme traditionnel » est resté structuré autour de la lutte entre le capital et le travail, qui, pour cet auteur, s'inscrit *dans* le capitalisme, qu'elle contribue à faire croître, et non entre le capitalisme et un « en dehors » [65].

---

65 M. Postone, *Temps, travail et domination sociale* [1993], Mille et une nuits, Paris, 2009.

Dans cette approche, le capitalisme est une médiation sociale spécifique, fondée sur le « travail », une activité génératrice de « valeur » économique. Vouloir abolir le marché pour le remplacer par une forme consciente de régulation (telle la planification étatique) n'atteint pas l'essence du capitalisme, mais conduit simplement à le corriger pour que ses fruits soient mieux répartis. Tant que le travail au sens de production de valeur économique est considéré comme la source principale de richesse, le capitalisme reste intact. Cette centralité de la valeur-travail fait du marxisme un productivisme. Et c'est ce que M. Postone critique, en montrant que Marx lui-même, vers la fin de sa vie, avait identifié le problème et estimé que le combat devait désormais porter sur l'abolition de la valeur – et pas simplement sa régulation, comme l'ont finalement fait les « socialismes réels ».

La tradition marxiste s'est montrée très hostile à l'idée de « fin du travail » diagnostiquée ou annoncée par des auteurs comme Dominique Méda [66]. Elle n'a guère intégré la volonté d'André Gorz (1923-2007) de différencier le « travail » (source de productivité au sens économique) de l'« activité [67] », et de favoriser la croissance de cette dernière. Gorz, qui n'a adhéré que très tardivement à l'idée de décroissance, affirme dans l'un de ses derniers textes que « la décroissance est donc un impératif de survie. Mais elle suppose une autre économie, un autre style de vie, une autre civilisation, d'autres rapports sociaux. En leur absence, l'effondrement ne pourrait être évité qu'à force de restrictions, rationnements, allocations autoritaires de ressources caractéristiques d'une économie de guerre. La sortie du capitalisme aura donc lieu d'une façon ou d'une autre, civilisée ou barbare [68] ».

---

66 D. Méda, *Le Travail, une valeur en voie de disparition*, Flammarion, Paris, 1995.

67 A. Gorz, *Capitalisme, socialisme, écologie*, Galilée, Paris, 1991.

68 Ce texte d'A. Gorz, qui porte deux titres, « Le travail dans la sortie du capitalisme » ou « La sortie du capitalisme a déjà commencé », a notamment été repris dans le n° 28 de la revue *Écorev*. <http://ecorev.org>

Pour M. Postone, les mouvements ouvriers, qui défendent le travail contre le capital, ne peuvent plus être considérés comme seuls porteurs de l'émancipation. Leur lutte traditionnelle est importante mais elle se situe dans le capitalisme, pas en dehors. Une telle position ne délégitime absolument pas les luttes salariales menées ici et maintenant contre la domination des propriétaires du capital, mais elle rappelle que ces luttes, pour avoir quelques chances de victoire, devraient s'efforcer d'offrir des perspectives hors de la domination salariale, et non se contenter de l'« augmentation du pouvoir d'achat » et du maintien ou de la création d'emplois. C'est ce qu'entreprit le mouvement ouvrier révolutionnaire (non marxiste) en France, à l'origine de mutuelles, coopératives, d'une critique du travail industriel et du taylorisme... Sans surprise, les seuls syndicats de salariés qui s'intéressent à la décroissance (en France et ailleurs) s'inscrivent plus ou moins ouvertement dans ces courants (voir chapitre 6). Quant aux organisations syndicales traditionnelles, elles continuent de mobiliser les salariés sur la « relance d'une politique industrielle moderne pour l'emploi ».

Une crise de sens ?

Une dernière source de la décroissance est la crise de sens que traversent nos sociétés postindustrielles. Qu'est-ce que le « sens » ? Si l'on en croit le sociologue Max Weber, le sens est un souci de cohérence et d'unité [69]. L'individu cherche à collecter les différentes logiques à l'œuvre dans le monde et à s'y situer. Cette démarche signe le refus de partager sa vie en différents rôles sociaux dont l'un peut aller à l'opposé de l'autre, par exemple mener une vie de gardien de

---

69 M. WEBER, *Sociologie de la religion*, Flammarion, Paris, 2006 [1913].

prison quand on aspire à être éducateur, ou vendre du pétrole quand on cherche à protéger le climat.

C'est cet enjeu qui a conduit Pierre Rabhi vers la décroissance [70]. N'est-il pas absurde, demande-t-il, de dépenser sa vie à la gagner, comme on disait en 1968 et, de surcroît, en ravageant la planète ? « Vivons-nous pour travailler ou travaillons-nous pour vivre [71] ? » Que peut signifier une vie passée à « avoir toujours plus » (de titres, de diplômes, d'argent, de choses), alors que l'harmonie avec la nature, les êtres humains et les autres êtres vivants passe plutôt par la pratique de la méditation et de l'écoute. Pierre Rabhi a choisi une voie difficile et très originale. S'installant sur des terres déshéritées au fond de l'Ardèche, il a développé une « oasis » qui place la coopération, l'écoute et l'authenticité au cœur de sa démarche. Pierre Rabhi s'est opposé fermement à l'idéal consumériste qui cherche à « faire carrière », obtenir un pavillon avec un chien et une piscine, un garage et deux voitures à l'intérieur – idéal écologiquement insoutenable mais qui n'en continue pas moins de se propager dans le monde entier. Au vu de l'uniformisation banlieusarde de l'ensemble des villes du monde entier, comment peut-on encore parler de « choix individuels » alors qu'il s'agit bien plutôt de la propagation d'une *culture* ?

Pour ce courant, la révolution intérieure est une condition nécessaire pour mettre fin aux désordres qui agitent le monde de manière croissante. L'action non violente et déterminée, à la suite de Gandhi, est la seule voie pour rétablir un progrès qui ne soit pas seulement celui des forces aveugles de la technologie. La « simplicité volontaire », à la suite de François d'Assise (une figure revendiquée par ce courant de la décroissance) n'est pas une manière de se restreindre ou de se priver mais une façon de « s'alléger » afin de laisser venir à soi

70 P. Rabhi, *Du Sahara aux Cévennes*, Albin Michel, Paris, 2002.
71 P. Rabhi, *Conscience et environnement*, Le Relié, Gordes, 2006, p. 7.

un sens plus profond, moins superficiel que celui qui anime l'incessant ballet des choses ordinaires. P. Rabhi – mais aussi M. Rahnema – distingue ainsi la misère spirituelle et sociale de la pauvreté matérielle qui, elle, peut être la source d'une plus grande joie. Celui qui est pauvre possède peu sur le plan matériel mais ce peut être une stratégie volontaire qui lui permet d'être plus riche sur le plan des relations avec les autres et avec le monde ; à l'inverse, le miséreux peut être riche sur le plan matériel mais il se caractérise par une extrême dépossession sur le plan des relations avec les autres et avec le monde [72].

Ce qui fait débat (et scandale), avec ce courant, est que Max Weber avait caractérisé ce souci de sens comme « religieux ». Or la modernité a confiné ce souci à la vie privée. En mettant dans le débat public des valeurs telles que la pauvreté volontaire, P. Rabhi et d'autres ont encouru l'accusation de J.-M. Harribey, de L. Ferry et des défenseurs d'une certaine modernité qui ont cherché à les disqualifier en les renvoyant aux guerres de religion et donc à la violence – ce que viendraient conforter les actes de mouvements écologistes radicaux ou se réclamant de l'« écologie profonde » (*deep ecology* en anglais). Avec cette écologie, nous « reviendrions » à l'époque métaphysique, à la superstition, la séparation de l'Église et de l'État serait en danger...

Les détracteurs de la simplicité volontaire oublient que l'« écologie profonde » n'a guère rencontré de succès en France [73]. Laisser penser alors que l'écologisme français se réduirait à une sorte de secte d'antihumanistes illuminés en expansion est sociologiquement erroné. Qu'on le regrette ou non, l'écologisme français est historiquement un mouvement

---

72 M. Rahnema, *Quand la misère chasse la pauvreté*, Actes Sud, Paris, 2004.

73 *Cf.* C. et R. Larrère, *Du bon usage de la nature. Pour une philosophie de l'environnement*, Flammarion, Paris, 2009.

rationaliste[74]. Ce premier écueil écarté, reste le second : la simplicité volontaire est-elle de nature « religieuse » et donc non soluble dans la laïcité, comme le laissent penser Luc Ferry à droite et Jean-Marie Harribey à gauche ? Non, la laïcité a toujours fait de la place à la spiritualité et à la philosophie dans les limites de la simple raison, selon le modèle kantien. Ce qui serait antimoderne, ce serait de faire appel à une foi aveugle ou à des forces surnaturelles. Or la simplicité volontaire se tient à l'écart de ce genre de métaphysique.

Ce que P. Rabhi dénonce, comme d'autres objecteurs de croissance, ce n'est pas seulement l'injustice créée par le mode de vie moderne mais la *foi* des Modernes dans la technologie. « Loin de s'infléchir, de s'orienter rationnellement, la technoscience poursuit ses prestidigitations, fascinant de ses prodiges, substituant le virtuel au tangible, confisquant chaque jour un peu plus au citoyen ses pouvoirs naturels et légitimes d'être l'intendant de sa présence au monde et jusqu'à sa capacité de survie[75]. » Ce que Pierre Rabhi veut dire par là est que la science contemporaine ne cherche pas à démontrer ses résultats au grand public, elle ne cherche pas à séparer avec soin le fait de la norme ; elle fond au contraire les deux et impose ses projets par des moyens qui reposent sur l'intimidation : si vous n'adoptez pas les derniers produits, vous êtes un « technophobe », un « ringard », un « obscurantiste » – tel est le message central de l'idéologie publicitaire, comme nous le détaillerons plus loin. D'un point de vue parfaitement laïque, S. Latouche ne cesse, de son côté, de pointer du doigt que les avocats de la modernisation *croient* que la technologie va résoudre les problèmes qu'ils ont créés et cela alors qu'ils n'ont pas le moindre début de preuve empirique à apporter.

---

74 Voir G. Sainteny, *Les Verts*, PUF, Paris, 1992 ou D. Simonnet, *L'Écologisme, op. cit.*

75 P. Rabhi, *Conscience et environnement, op. cit.*, p. 27.

Non contente de ne pas se laisser réduire à un enjeu « religieux » au sens classique du terme, la simplicité volontaire (ou « sobriété heureuse ») ne peut être une simple affaire privée, car ce sont les décisions publiques qui rendent insupportable la vie privée. Ce qui pose problème est l'articulation entre la démocratie représentative et le marché, qui préconstraint les choix possibles dans la mesure où il ne s'agit pas de procédures qui seraient neutres en elles-mêmes, ne préjugeant en rien du résultat. L'État encourage d'un côté ce qu'il interdit de l'autre, le marché est dominé par des oligopoles qui ont un intérêt objectif à maintenir des infrastructures qui se déploient au prix d'autres choix possibles – ainsi les constructeurs d'automobiles ont-ils intérêt à évincer le vélo ou la marche à pied, au nom du « progrès ». Or les choix issus de la simplicité volontaire remettent en cause les choix infrastructurels bien plus fortement que le font les choix sur un marché donné, comme nous le verrons plus loin.

La simplicité volontaire peut être liée à une démarche spirituelle – ou pas. Cette démarche spirituelle peut être totalement laïque. À l'inverse, toute démarche spirituelle ne conduit pas à la décroissance ni à la démocratie, ni même à l'écologie, comme en témoigne le succès de la littérature et des pratiques *new age* dans les sociétés occidentales dites « avancées »...

Comme on le voit, le mot « décroissance » est revendiqué par des courants de pensée qui sont bien plus anciens qu'elle. La pluralité de ses sources explique qu'il existe des tensions et des incompréhensions entre et même, surtout, au sein de ces approches – pour ne rien dire de la large variété de démarches et de stratégies. Ceci n'a rien d'étonnant lorsqu'on comprend que, sous une apparence banale et bon enfant – « consommer moins pour vivre mieux » –, c'est le cœur du mode de vie marchand-industriel qui est touché et appelle une révolution dans un sens bien différent de ce qu'a été au cours du XXe siècle le projet socialiste.

Mais alors, objectera-t-on, puisque les arguments derrière la décroissance existent depuis longtemps, qu'apporte-t-elle de neuf ? C'est ce que nous allons examiner maintenant.

2

La décroissance, une idée neuve ou une vieille idée réactionnaire ?

OÙ L'ON MONTRE QUE, DANS UN MONDE NOUVEAU ET SOUVENT INQUIÉTANT, CERTAINS NE SE CONTENTENT PAS DES VIEILLES FORMULES RÉCHAUFFÉES

Il revient aux mouvements de la décroissance d'avoir compris que deux éléments nouveaux ouvraient une fenêtre politique. Il était temps de changer de discours et de stratégie, le terme « décroissance » pouvait opportunément répondre à ce nouveau contexte.

Une intelligence de la situation

Le premier élément nouveau est le consensus qui existe désormais sur la crise écologique. Ce consensus est attesté par l'origine de divers rapports qui se sont multipliés ces dernières années : le *Rapport du millénaire sur les écosystèmes*, regroupant 1 350 scientifiques sous l'égide de l'ONU, a conclu que 60 % des écosystèmes sont dégradés ou utilisés de manière non renouvelable [1] ; l'Organisation des Nations unies pour l'alimentation et l'agriculture (FAO) a indiqué qu'au rythme actuel de prélèvement les océans seront entièrement vidés de leurs poissons et de leurs mollusques avant le

1 MILLENIUM ASSESSMENT REPORT, *Living Beyond Our Means : Natural Assets and Human Well-Being*, 2004, disponible sur <millenniumassessment.org>.

milieu du XXIe siècle [2] ; les grandes compagnies pétrolières et l'Agence internationale de l'énergie ont avoué que les chiffres sur les réserves avaient été largement surestimés [3]. Même les milieux les plus longtemps hostiles à cette idée, comme le monde patronal, se rangent à l'évidence – l'étude de Corinne Gendron montre l'évolution des positions des chefs d'entreprise sur la question [4].

Bref, la crise écologique n'existe plus seulement dans la tête des écologistes. Mais si cet aspect-là ne fait plus clivage, il est de notoriété publique que les réponses à apporter divergent. Les écologistes entrés en politique ont dépensé une énergie considérable pour porter à la connaissance du public la réalité de la crise écologique. Et le temps leur a manqué pour élaborer une alternative cohérente et lisible. L'écologie politique se scinde en une infinité de courants et de sous-courants, passant une bonne partie de leur temps à débattre de divergences que personne ne comprend, au point que l'on a pu parler de l'« introuvable écologisme français [5] ». De plus, elle s'est essoufflée sur le plan théorique. Des grandes idées, elle est passée à un long catalogue de mesures gestionnaires. Elle a cessé de chercher à mobiliser en masse. Après la poussée des années 1970, le mouvement écologiste s'est institutionnalisé, il a vieilli, s'est « embourgeoisé » et peut paraître en manque d'inspiration. Être écologiste renvoyait à l'imaginaire des années hippies, des fumeurs de haschich sur les chemins de Katmandou, ce qui ne fait pas davantage rêver que de devenir cadre dans une « multinationale » écolo telle que Greenpeace ou le World Wildlife Fund, ou élu sans

---

2 B. Worm, « Impacts of biodiversity loss on ocean ecosystem services », *Science*, vol. 314, 2006, p. 787-790.

3 Aie, *World Energy Outlook*, 2008.

4 C. Gendron, *Le Développement durable comme compromis – La modernisation écologique de l'économie à l'ère de la mondialisation*, Presses de l'université du Québec, Montréal, 2006, p. 166.

5 G. Sainteny, *L'Introuvable Écologisme français ?*, PUF, Paris, 2000.

pouvoir dans une « gauche plurielle » dont les relations avec le monde des affaires sont par trop évidentes. Dans ce paysage, les mouvements de la décroissance ont créé un clivage plus large, plus lisible. Et le « mot-obus » offrait la radicalité souhaitée par certains, notamment les plus jeunes des militants.

Le renouvellement de la pensée écologiste apparaît d'autant plus urgent que, passant tout d'un coup d'une situation de déni à un catastrophisme apeuré – qui leur offrent de réelles possibilités de renforcement de leur pouvoir –, les dirigeants du système industriel et leurs alliés souhaitent *gérer* la crise, c'est-à-dire avant tout éviter de la *politiser* – le débat démocratique risquant de remettre en cause les positions acquises. Car prendre au sérieux la crise écologique revient à questionner des pans entiers des politiques publiques, orientées vers la construction de routes, de voies rapides, TGV, aéroports, etc. Faute de débat plus large, les discussions s'en tiennent à des politiques gestionnaires qui, pour le grand public, se déclineront en autant de « petits gestes » qui se résument au plus petit dénominateur commun de ce que peuvent accepter les différentes institutions mises en cause [6]. Le citoyen, dépositaire de la souveraineté, devient un problème dans la mise en œuvre de ce que les autorités considèrent être les « bonnes solutions », à savoir celles qui coïncident en général avec ce que les grands lobbies estiment raisonnable de faire.

Le coupable de l'immobilisme devient *in fine* le « passant ordinaire » jugé irréfléchi, irresponsable et immature, incapable de choisir les « produits verts » quand on les lui propose, coupable de vouloir encore et toujours des voitures et un habitat pavillonnaire. Pas un instant les experts ne semblent

---

6 Ce qu'on a pu montrer dans le détail pour le cas des technologies numériques de l'information et de la communication : F. Flipo *et al.*, « Technologies numériques et crise environnementale : peut-on croire aux TIC vertes ? » Rapport de recherche, novembre 2009. Disponible en ligne sur <http://etos.it-sudparis.eu>.

s'interroger sur la marge de manœuvre réelle du citoyen, d'un côté abreuvé de publicités qui le somment de travailler plus et de consommer plus et, de l'autre, tenu de consommer « mieux » pour « protéger la nature ». Entre les deux discours, c'est un vide de pensée. Le combler, comme le souhaite la décroissance, c'est donner au peuple les moyens de choisir. Ce qui implique d'ouvrir le débat sur de véritables « choix de société » et de prendre au sérieux l'option de la « sobriété ».

Le second élément nouveau est l'affaiblissement considérable et sans doute durable de la vague politique dite « néolibérale », qui aura duré près de trente ans. Margaret Thatcher arrive au pouvoir au Royaume-Uni le 4 mai 1979, Ronald Reagan, aux États-Unis, le 20 janvier 1981 avec pour agenda l'application de la doctrine des « Chicago boys » : déréglementer le droit des sociétés, privatiser, démanteler les protections douanières, briser les syndicats de salariés et amputer les droits sociaux. À partir des années 1990, de telles politiques, dont l'objectif ultime est la croissance maximale, connaissent une série d'échecs qui vont crescendo : la crise « asiatique » (1997) et la crise de la « nouvelle économie » au tournant du millénaire. Cette remise en cause connaît son *apex* avec le début de la crise financière en 2008.

Concomitante de l'effondrement du camp socialiste, cette politique se revendiquait de la « fin de l'histoire » et se présentait comme le système universel à instituer pour l'ensemble de la planète jusqu'à la fin des temps. De fait, la « fin de l'histoire » s'est avérée assez brève : nous vivons un désordre sans précédent de l'économie marchande mondialisée, et les affirmations d'un économiste ultralibéral comme Pascal Salin font désormais sourire les commentateurs qui, hier encore, les jugeaient certes quelque peu exagérées, mais non dénuées de tout fondement [7]. À ceci s'ajoute le fait que la

7 F. Lemaître, « La crise remet en cause le savoir et le statut des économistes », *Le Monde*, 4 septembre 2009.

crise n'est pas non plus susceptible d'une lecture simplement « keynésienne » (crise de la consommation et de l'investissement).

D'autres lectures de la crise du système sont possibles et certains objecteurs de croissance mobilisent des auteurs peu connus et jusque-là jugés marginaux, tels Jean-Marie Vincent, Anselm Jappe ou Moishe Postone [8]. Suivant leur analyse, la crise de l'économie marchande et de ses institutions a, en réalité, commencé dès les années 1970, et s'est très tôt manifestée par d'importants désordres sur les marchés monétaires internationaux. Le cœur de cette crise se caractérise par l'impossibilité de plus en plus marquée de transformer les marchandises produites en argent à des niveaux suffisants pour garantir l'accumulation de valeur monétaire, condition indispensable au bon fonctionnement du système de marchés. Cette décroissance de la valeur marchande des biens et services fut un temps (assez long) masquée par des bulles spéculatives de plus en plus gigantesques qui garantissaient une croissance de la valeur monétaire à un niveau global. L'éclatement régulier des bulles spéculatives de la finance mondiale et de l'immobilier a fait jaillir au grand jour l'évidence : l'ampleur de la crise du cœur des institutions de l'économie marchande. Selon cette approche, la spéculation financière était donc une béquille indispensable au fonctionnement d'une économie de croissance à bout de souffle – et les seules possibilités d'accumulation qui demeurent supposent la création de nouvelles « bulles spéculatives » dont l'éclatement sera toujours plus catastrophique. Il est à noter que cette analyse prend le contre-pied des écrits de la plupart des économistes « altermondialistes » (tels Frédéric Lordon ou Dominique Plihon) pour lesquels c'est parce que la

8 J.-M. Vincent, *Critique du travail*, PUF, Paris, 1987 ; A. Jappe, *Les Aventures de la marchandise. Pour une nouvelle critique de la valeur*, Denoël, Paris, 2003 ; Moishe Postone, *Temps, travail et domination sociale*, *op. cit.*

spéculation « excessive » garantissait des profits plus élevés que la croissance de l'investissement productif s'est réduite comme peau de chagrin ces dernières années dans les pays occidentaux. Pour les tenants de la critique de la valeur marchande, cette lecture de gauche sous-estime dramatiquement l'ampleur de la crise de la société marchande.

Un troisième élément mérite d'être cité, sans qu'il soit nécessaire de s'y étendre : il s'agit de la mondialisation, entendue au sens culturel et idéologique. Que ce soit l'émergence de puissances telles que la Chine, l'Inde, le Brésil, l'Afrique du Sud ou l'Indonésie, le développement du tourisme du fait de prix du transport extrêmement bas, le déploiement des technologies numériques de l'information et de la communication (TNIC), tous ces événements concourent à ce qu'Ulrich Beck a pu appeler une « transnationalisation » des sociétés [9]. Et le fait est plus visible encore dans les pays du Sud – où les techniques et styles de vie « modernes » et « non modernes » coexistent dans la rue, à la vue de tous – que dans les pays du Nord, qui sont relativement homogènes de ce point de vue et ne découvrent la « non-modernité » que lorsqu'ils se déplacent au loin. De nombreux observateurs convergent vers ce constat : la planète est devenue plus petite, pour un nombre très important de ses habitants, que cette réduction ait eu lieu de manière physique (déplacement) ou par le biais des moyens de télécommunication [10].

---

9 U. Beck, *Pouvoir et contre-pouvoir à l'ère de la mondialisation*, Aubier, Paris, 2002 ; *Qu'est-ce que le cosmopolitisme ?*, Aubier, Paris, 2006.

10 Notamment A. Mattelart, *La Mondialisation de la communication*, PUF, Paris, 1996 ; *Histoire de la société de l'information*, La Découverte, Paris, 2001.

Une critique de l'écologie politique

Cette situation éclaire d'un jour nouveau les positionnements de l'écologie politique en France. Les Verts, disent les objecteurs de croissance, sont devenus un parti d'élus, ils sont contraints de se fondre dans un réformisme qui n'est pas à la hauteur des défis. Pour les objecteurs de croissance, plutôt que de noyer le discours écologiste dans un souci de « qualité de vie » bourgeois-bohème et le rendre ainsi insipide, il faut revenir à des mots d'ordre clairs et explicites, capables de provoquer des débats et de mobiliser. La décroissance a ce mérite.

Au sein du parti Les Verts, la critique a relancé un débat interne qui était proche du point mort. La « motion ponctuelle », proposée à l'automne 2004, donne bien le ton : « Pour une décroissance sélective et équitable : concept à apprivoiser (d'urgence), non à écarter [11] ! » La motion fut adoptée à une large majorité, contre l'avis de la majorité des ténors, qui l'ont remise à sa « juste place » : « L'usage de ce concept se fait avec modération car il est porteur d'ambiguïté [12]. » Et le président de la commission « économie » des Verts de reprendre le programme traditionnel du parti, qui se traduit essentiellement par le recours à l'écofiscalité, réduisant le débat à un problème de régulation publique appropriée, soit tout le contraire de ce que souhaitent de nombreux objecteurs de croissance. Bon nombre de membres des Verts, dont Dominique Voynet, vont tenir la même ligne et suggérer de parler de « décroissance de l'empreinte écologique », ce qui réduit très fortement la portée de l'expression (nous présentons l'« empreinte écologique » au chapitre 6). Mais le débat a été lancé et la discussion a évolué. En août 2008, peu avant l'Université d'été du parti, Yves Cochet, Noël Mamère,

11 J. Gleizes, *Verts-Contact*, n° 721, p. 64.
12 J. Gleizes, « Les Verts et la décroissance », *Écorev*, n° 26, printemps 2006.

Mireille Ferri, Alain Lipietz et Denis Baupin signaient dans *Les Échos* une tribune en faveur de la « décroissance solidaire » – six ans après que le terme eut été lancé dans l'espace public.

Si les objecteurs de croissance s'accordent sur la nécessité d'un nouveau radicalisme, ils sont divisés sur la stratégie à adopter. Faut-il faire de la décroissance un programme de parti ? N'est-ce pas contradictoire avec le souci de mobiliser au-delà des partis ? Doit-on en rester à un « mot-obus » ? Le Parti pour la décroissance a choisi de conduire des listes électorales qui se réfèrent explicitement à un programme de décroissance, cela dans le but d'obtenir des élus et non de faire de la simple figuration. Ces différences d'appréciation sont présentes au sein du mouvement des objecteurs de croissance. L'idée de créer un parti n'a pas eu l'aval de tout le monde, la majorité des personnes favorables à la décroissance estimant sans doute que celle-ci devait d'abord être un mouvement de la société civile.

Il existe avec une partie des Verts et des écologistes plus qu'un désaccord stratégique. L'enjeu est aussi de savoir si on veut reparler d'émancipation et reprendre le flambeau d'une interrogation universaliste réaliste et matérialiste ou si on se contente de la qualité de vie individuelle et de l'espoir d'une croissance verte. La position des revues *Multitudes, Écorev* et *Cosmopolitiques* sur la décroissance est symptomatique. Cette dernière, financièrement soutenue par les Verts européens n'a publié sur le sujet qu'une tribune de Guillaume Duval, très opposé à la décroissance, comme à son habitude [13].

Peut-on trouver une position plus conséquente en se déplaçant du côté de la radicalité ? Dans la revue *Multitudes,* une des seules occurrences du terme apparaît en 2007 sous la plume de Yann Moulier-Boutang qui, prenant acte de la situation écologique, ne voit dans la décroissance qu'une issue

---

13 G. Duval, « L'impasse de la décroissance », *Cosmopolitiques*, 2006, p. 35-42. <http://cosmopolitiques.phpnet.org>, mis en ligne le 2 janvier 2009.

funeste : « Faut-il alors faire le deuil de tout progrès et prôner nécessairement la décroissance [14] ? » L'économiste répond par la négative, et voit dans les technologies numériques de l'information et de la communication (TNIC) une mutation technique essentielle dans l'histoire de l'humanité : « Pour la première fois, [le bipède] est élevé en société avec un cerveau outillé et prolongé par des ordinateurs en réseau [15]. » Pour Y. Moulier-Boutang, les TNIC rendent possible ce que Marx avait prévu dans les *Grundrisse*, un manuscrit qui a servi de base pour la rédaction du *Capital* : l'émergence d'un « *general intellect* » (une « intelligence collective ») qui rendrait possible le contrôle collectif des moyens de production et mettrait fin aux excès du capitalisme. Ces perspectives sont évidemment incompatibles avec l'objection de croissance, Yann Moulier-Boutang et *Multitudes* renouant en réalité avec l'optimisme technologique du « marxisme traditionnel ».

Et du côté d'*Écorev* ? La revue ne commence à s'intéresser à la décroissance qu'au début de l'année 2006, avec une interview de Serge Latouche et un portrait de Pierre Rabhi [16]. Il faut attendre cinq numéros pour en voir un consacré à ce sujet. Outre l'article de Jérôme Gleizes déjà cité, un autre article issu de l'un des membres du comité de rédaction, Patrick Dieuaide, situe le dilemme dans lequel la revue estime se trouver : « Ces quelques observations critiques témoignent de l'importance que nous accordons à la théorie de la décroissance, non pas tellement pour les propositions qu'elle formule, mais bien davantage pour le clivage qu'elle manifeste à l'intérieur du mouvement écologiste. Ce clivage nous paraît central et profond, peut-être irrémédiable, entre une écologie politique rattrapée par ses vieux démons scientistes et tentée

---

14 Y. Moulier-Boutang, « L'irruption de l'écologie ou le grand chiasme de l'économie politique », *Multitudes*, <http://multitudes.samizdat.net/>, mis en ligne le 12 mars 2007.

15 *Ibid.*

16 *Écorev*, n° 21 (automne-hiver 2005/2006)/figures de l'écologie politique.

par une lecture physicaliste des phénomènes sociaux et environnementaux et une écologie politique que nous qualifierons d'"institutionnaliste" faute de mieux et qui éprouve les plus grandes difficultés à trouver ses marques sur l'échiquier politique des grandes démocraties postindustrielles [17]. » Entre l'institutionnalisme réformiste et le « physicalisme », il n'y aurait pas de voie possible ! Misère de l'écologie politique, dirait un objecteur de croissance. Pour les objecteurs de croissance, l'alternative proposée par Patrick Dieuaide est précisément celle dans laquelle est prise l'écologie politique institutionnelle [18]. L'un des pères de l'écologie politique en France, André Gorz, a défendu jusqu'au bout une possibilité de type socialiste libertaire de domestiquer les forces productives, décrivant une utopie fondée sur un artisanat numérique [19].

Pour les objecteurs de croissance, miser sur la technologie, comme le font A. Gorz, ou la revue *Multitudes*, permet d'éviter d'ouvrir la discussion sur les valeurs. C'est précisément cette tendance qui semble grosse de dérives technocratiques et autoritaires. Elle promet des solutions miracles moyennant un peu d'écofiscalité. Cet écologisme laisse penser qu'une « modernisation écologique » serait possible. Invoquant très souvent la « sobriété » et un « changement de mode de vie », il ne précise guère ce qu'il entend par là. Il ne dit rien de ce que serait une société « sobre » ni si celle-ci serait compatible avec le capitalisme. Dans les faits, cela signifie s'en remettre à des choix individuels. L'invocation de la « qualité de vie » semble suffire et permettre de concilier l'inconciliable. La décroissance tranche avec ce flou électoraliste et oblige les écologistes à sortir des politiques

---

17 P. Dieuaide, « La décroissance, la politique et "nous" », *Écorev*, n° 26, 2007.

18 J. Zin, « Entropie et décroissance », *Écorev*, n° 18-21, 2005.

19 A. Gorz, *Ecologica*, Galilée, Paris, 2008 ; *Misères du présent, richesse du possible*, Galilée, Paris, 1997 ; *L'Immatériel*, Galilée, Paris, 2003. Pour toute cette discussion, voir F. Gollain, « L'apport d'André Gorz au débat sur le capitalisme cognitif », *Modern and Contemporary France*, à paraître en 2010.

gestionnaires qui sont souvent les leurs depuis leur institutionnalisation en parti politique en 1984, puis en parti politique de gouvernement dans les années 1990.

L'objection de croissance met aussi en cause les associations « écologistes », que les partis écologistes considèrent généralement comme leur vivier naturel. Il y a un accord fort pour estimer que l'action de ces associations reste dangereusement confinée à l'« environnementalisme », c'est-à-dire à un souci de la protection des milieux naturels sans réelle prise en compte des implications sociales et politiques. En France, les mouvements associatifs de protection de la nature ne sont pas issus de la *deep ecology* comme Luc Ferry a pu le laisser penser, mais des sociétés savantes. La principale fédération, France Nature Environnement, est issue de la Société nationale de protection de la nature, elle-même issue de la Société impériale zoologique d'acclimatation, fondée en 1854 par Isidore Geoffroy Saint-Hilaire. La stratégie de ces associations de « protection de la nature » est de contester les aménagements du territoire, au nom ici d'une zone « remarquable », là de la présence d'une espèce animale ou florale en déclin.

Du point de vue des objecteurs de croissance, ces luttes sont nécessaires, tout comme le sont les luttes des mouvements ouvriers. Le problème est qu'elles sont loin d'être suffisantes, elles ne remettent pas en cause les régulations sociales qui conduisent à la destruction des milieux – en particulier le capitalisme. À titre d'exemple, Robert Lion, actuel président de Greenpeace, a préfacé l'édition française du livre de Paul Hawken qui fait l'apologie d'un capitalisme vert [20]. Le texte se concentre essentiellement sur des mesures techniques et économiques ; la question de savoir par qui de telles mesures seraient portées et ce qu'elles impliqueraient concrètement pour l'ensemble de la société n'est jamais posée, sinon sous la

---

20 P. Hawken, A. Lovins et H. Lovins, *Natural Capitalism. Comment réconcilier économie et environnement*, Scali, Paris, 2008.

forme d'une politique des bons sentiments qui n'engage à rien. Ajoutons que ces associations n'ont qu'une faible influence, elles sont incapables de peser sur les évolutions économiques et sociales en cours – et ceci parce que leur objet reste trop limité. Elles ne peuvent pas porter dans la société des questions telles que le rôle de la publicité, qui sont pourtant des questions clés. Leur dépendance à l'égard des administrations pour leur survie politique et financière les bâillonne. France Nature Environnement par exemple cogère des installations industrielles à risque et des parcs naturels, la fédération se doit donc de tenir un discours « réaliste ». Les associations indépendantes, qui reposent sur des fonds privés manquent quant à elles cruellement de base militante, que ce soit Greenpeace ou WWF. La seule association qui soit susceptible de reprendre le flambeau en matière d'écologie sociale est celle à partir de laquelle les Verts se sont formés historiquement : les Amis de la Terre. Mais l'association semble avoir les plus grandes difficultés à se renouveler, elle est devenue une association de spécialistes incapable de reprendre les termes du débat à la hauteur d'analyse qui était la sienne dans les années 1970. De fait, son rôle est intermédiaire entre celui d'un « *watchdog* » à l'anglosaxonne, à l'image de Greenpeace, et celui d'une fédération naturaliste de terrain comme France Nature Environnement. La critique de la société industrielle, qui persiste encore un peu dans ses communiqués de presse, reste sans suite…

Longtemps décrié, l'écologisme a cherché à être crédible, respectable, modéré, expert plutôt qu'à approfondir et élargir son message. Il s'est laissé gagner par l'illusion d'un changement sans douleur et par le haut. Les mentalités allaient changer toutes seules, tout le monde deviendrait un « créatif culturel », voterait écologiste et le tour serait joué. Ce discours n'a attiré que les classes moyennes aisées et n'a eu que peu de conséquences sur l'évolution des sociétés. La décroissance entend proposer une alternative à la fois plus radicale et plus conséquente.

La décroissance, une volonté de rupture

Si la « décroissance » est un terme ambigu, il dit néanmoins clairement plusieurs choses essentielles, radicalement nouvelles.

La première est que nous n'avons plus rien à espérer d'une croissance supplémentaire des économies occidentales, sinon une aggravation des inégalités globales, en particulier sur le plan écologique. La thèse de la « croissance verte » est fallacieuse, un examen attentif des choix techniques disponibles (énergie, agriculture, etc.) comme nous le ferons plus loin montre qu'il n'y a pas de combinaison qui permette d'augmenter la quantité de production (le PIB) en améliorant la qualité de façon à la rendre compatible avec les équilibres naturels. Pour ne prendre qu'un exemple, il est largement reconnu que la généralisation de l'agriculture biologique nécessiterait de consacrer beaucoup plus de temps au travail de la terre, à rebours de l'« économie de temps » qui a guidé l'essor de l'activité économique depuis plus d'un siècle et demi. Les économistes peuvent bien reprendre leurs calculettes, le fait est là : dans les pays occidentaux, pour produire mieux (en qualité), il faudra produire moins. Produire moins et moins vite parce que les écosystèmes donnent moins et moins vite que ce qu'on cherche à leur prendre. Et « produire moins » a peu de chances de faire croître le PIB...

Une telle option aurait évidemment d'importantes conséquences sociales, qui sont habilement masquées par les thèses procroissance pour lesquelles cette question peut être évitée par la seule technique ou par l'idée de compléter le PIB par d'autres indicateurs de bien-être – comme si de nouveaux indicateurs allaient à eux seuls changer les institutions. La décroissance nomme adéquatement le contexte social qui serait celui de politiques vraiment écologiques, c'est-à-dire vraiment cosmopolitiques, en faveur d'une solidarité mondiale, là où la majorité de la classe politique et les divers commentateurs s'accordent désormais tous pour vouloir « sauver la planète » – mais sans en mesurer les conséquences. La décroissance ne se paie pas de mots, elle ne parle pas pour chercher un consensus mou ou une position de compromis permettant une victoire électorale, laissant croire par exemple que l'écologie, c'est la « bobo attitude », le mieux-être, le yoga et la diététique dans des centres bioclimatiques. Elle pose un problème éminemment sérieux à la collectivité, comme nous allons le détailler dans les pages qui suivent, et entend qu'on en débatte sans déléguer totalement la question aux partis et aux experts.

La seconde est que toutes les mesures prises pour relancer la croissance ont peu de chances de produire autre chose que de l'inégalité et de la spéculation. En effet l'économie marchande n'a plus guère de marges de manœuvre, en premier lieu en raison de la raréfaction du pétrole et des matières premières – mais aussi de ses contradictions internes (*cf.* chapitre 7). Les économistes ont souvent des difficultés à comprendre l'aspect physique de l'économie. Les biens et les services, c'est de la matière et de l'énergie. Pour le dire simplement, quand l'énergie se raréfie son prix augmente et l'économie ralentit. Là encore, pour le percevoir, il faut avoir une connaissance approfondie des choix techniques à notre disposition et ne pas se contenter de croire que la technique « miracle » (comme la fusion froide) nous est cachée par les capitalistes (version marxiste) ou que la flambée des prix fera apparaître la technique adéquate permettant de continuer de croître (version capitaliste).

La troisième chose que dit la décroissance est qu'il n'existe pas, aujourd'hui, de… « théorie de la décroissance », et cela parce qu'aucune des théories existantes du développement n'a prévu ce cas de figure : toutes, sans exception, comme nous le montrerons dans le chapitre suivant, cherchent à provoquer la croissance économique, d'une manière ou d'une autre. Si certaines ont pu anticiper un « état stationnaire », celui-ci a été pensé soit comme une utopie, soit comme une perspective inéluctable. Tout autre chose est de penser une société dans laquelle il n'y a pas de croissance, et cela de manière durable, sans que pour autant la question de l'émancipation soit abandonnée. Ce défi immense, à la fois pratique et théorique, est totalement occulté par les discours dominants.

Une idée réactionnaire ?

Le fait de contester frontalement une certaine conception de la modernité et ce qu'elle considère comme étant sa valeur la plus chère amène certains groupes issus de la « droite identitaire » à juger que la thématique peut être avantageusement recyclée à leur profit. Ainsi Alain de Benoist, fondateur de la « Nouvelle Droite » et membre du GRECE (Groupement de recherche et d'études pour la civilisation européenne), a-t-il publié un livre qui porte sur ce sujet [21] et la revue *Éléments*, dont il est le directeur, un dossier complet [22]. La Nouvelle Droite se caractérise elle-même comme faisant œuvre de « métapolitique », c'est-à-dire qu'elle entend renouveler les représentations « sociales-historiques » afin de « redonner du sens ». Elle analyse la modernité comme un processus de dissolution des anciennes communautés d'appartenance, la massification des modes de vie, la désacralisation des grands écrits religieux, la

---

21 A. de Benoist, *Demain la décroissance*, Édite, 2007.

22 *Éléments*, n° 119.

domination de la raison instrumentale à travers l'échange marchand et l'efficacité technique et l'universalisation d'un modèle qui se vit comme rationnel et donc unique.

Le Manifeste de la Nouvelle Droite fait état d'une crise de la modernité, qui a pris la forme de la trahison communiste imposant des régimes meurtriers au lieu de la félicité promise. Il affirme que le capitalisme légitime les inégalités les plus odieuses et que l'idéologie du progrès s'essouffle[23]. Contre le libéralisme perçu comme l'« ennemi principal », la Nouvelle Droite « soutient les peuples en lutte contre l'impérialisme occidental » et revendique un « partage du travail »[24]. Sur ces derniers points, son discours ne diffère guère de celui des partisans de la décroissance ni même de l'altermondialisme ou de l'anticapitalisme de Jean-Marie Harribey.

C'est évidemment dans la réponse à donner à cette crise que se situe toute la différence des mouvements de la décroissance avec la Nouvelle Droite. Car celle-ci en appelle principalement au « retour aux communautés », une restriction forte des migrations, une politique d'« identités fortes », y compris dans le domaine du genre (le texte dénonce le relativisme des valeurs porté par Mai 68 et le féminisme), ce qui conduit à un monde conçu comme une pluralité d'identités fortement exclusives – et à l'absence criante de revendications concernant l'égalité et la démocratie. Or aucune de ces réponses ne recevrait l'aval des mouvements de la décroissance tels qu'ils existent actuellement ! Si les objecteurs de croissance soutiennent parfois l'idée d'une organisation basée sur de petites communautés, c'est sur la base d'identités ouvertes, d'*altérités*, et non pas simplement de *différences* figées et incommensurables, s'ils défendent la liberté, c'est en l'équilibrant avec l'égalité, notamment l'égalité écologique. Et,

---

23 *Ibid.*

24 C. Champetier et A. de Benoist, « Manifeste : la Nouvelle Droite en l'an 2000 », *Éléments*, n° 94, février 1999.

comme le rappelle utilement Jean-Louis Prat, l'intérêt d'Alain de Benoist pour l'écologie est récent, on ne peut écarter l'hypothèse qu'un tel intérêt soit avant tout instrumental, l'écologie remettant opportunément en cause la conception dominante de la modernité [25]. Enfin, la thématique de la décroissance (et plus largement de nombreux courants écologistes) n'est certainement pas la seule à s'exposer à de telles tentatives de récupération : il existe un anticapitalisme réactionnaire que personne ne confond pourtant avec le parti d'Olivier Besancenot.

La richesse de l'ensemble de la pensée et des pratiques sociales occidentales ne résiste pas à un classement alternatif binaire « modernité techno-marchande » *versus* « réenracinement identitaire » auquel certains cherchent à contraindre le débat. Face à cette impasse, la décroissance cherche à ouvrir de nouveaux passages, exhumer des filiations oubliées (telles que les luttes des luddites, *cf. infra*) et montre qu'il est possible de s'appuyer sur des ressources militantes et intellectuelles considérables pour mener à bien une critique argumentée de la misère marchande actuelle sans tomber dans les filets des amis de la Nouvelle Droite. Loin de conduire à un relativisme culturel généralisé, elle affirme qu'il est nécessaire d'évaluer la qualité émancipatrice (ou la force oppressive) pour les êtres qui la composent de tel ou tel mode de vie.

Contrairement à une thèse ressassée selon laquelle l'Occident serait le berceau historique de la société autonome, les peuples non occidentaux disposent dans leur propre histoire sociale, intellectuelle ou spirituelle d'importantes ressources qui leur permettent de penser une société offrant des voies d'émancipation hors de l'accumulation

25 J.-L. Prat, « La décroissance est-elle réactionnaire ? », *Revue du M.A.U.S.S.*, 10 avril 2008. <http://www.journaldumauss.net>.

marchande et de la pseudo-maîtrise technique [26]. Ce n'est pas sombrer dans le relativisme que de reconnaître que la promesse d'autonomie n'est pas réalisée à ce jour par les voies suivies par les sociétés qui se jugent « développées », et que persister n'arrangera rien, bien au contraire. Ce n'est pas céder à l'apologie des « sociétés primitives », que la modernité tient pour la forme la plus antimoderne de vie collective, oubliant qu'entre « primitif » et « moderne », il existe un ensemble immense de possibilités qui sont loin d'avoir toutes été explorées. Ce n'est pas non plus céder à la politique d'identités fortes que de reconnaître leur statut d'êtres humains, prétendant à l'universel, aux autres peuples, quand on précise que pour autant tout ne se vaut pas. On sait que l'un des enjeux intellectuels majeurs en cours est la tentative par les classes intellectuelles dominantes de sélectionner dans les cultures non occidentales des traditions favorables à l'utilitarisme marchand croissanciste, comme en témoigne le débat autour de la pensée arabe et de la pensée chinoise [27]. Ainsi le confucianisme aurait-il été favorable à l'esprit capitaliste, conçu comme universel, à la différence de l'islam, qui serait resté engoncé dans son particularisme et opposé aux « idées modernes ». Les objecteurs de croissance occidentaux, qui rejetteront le culturalisme grossier des thèses identitaires choisiront bien évidemment d'autres alliances, par exemple le bouddhisme ou le taoïsme, dont les pensées « non utilitaristes » peuvent être jugées par certains compatibles avec cette autre forme d'universalisme dont ils se réclament. Ils assumeront ici des opérations de sélection qui les éloignent de tout relativisme comme de tout naturalisme illégitime. Si certains, comme Serge Latouche, prennent le terme « universalisme »

26 Voir le très roboratif *Éloge de l'anarchie par deux excentriques chinois*, Encyclopédie des Nuisances, Paris, 2004 ; voir aussi J. R. Goody, « Civil society in an extra-European perspective », *in* S. Kaviraj et S. Khilnani (dir.), *Civil Society. History and Possibilities*, Cambridge University Press, Delhi, 2002.

27 D. Colson, *Trois Essais de philosophie anarchiste*, Léo Scheer, Paris, 2004.

avec des pincettes, c'est parce que son usage est, à l'instar du développement durable, dominé par des significations qui ne sont pas celles que les objecteurs de croissance souhaitent mettre en avant.

La croissance est un élément structurant des sociétés « développées ». Ses effets positifs sont spontanément tenus pour garantis et l'exigence de penser un avenir dans lequel elle serait absente a des répercussions considérables. Elle révèle tout d'abord l'envers moins glorieux de ce qui se présentait comme la marche triomphante de l'« humanité » vers la domination de la nature. Le scandale provoqué par cette remise en cause et la peur si fréquemment rencontrée de « revenir à l'âge de pierre » témoignent ensuite de la présence du sacré dans nos sociétés (*cf.* chapitre 4). La violence des oppositions qui se manifestent face au discours de la décroissance montre que celle-ci touche des croyances qui se trouvent déjà fortement déstabilisées par la crise écologique en cours. Encore un effort pour être vraiment laïque : accepter de débattre, sans tabous d'un certain nombre de choix réglant le déroulement de nos vies et qui mériteraient d'être reconsidérés.

La vigueur et la profondeur des débats – qui tranchent avec les alternatives éculées : « relance par l'investissement ou la consommation ? », « taxe carbone ou permis d'émission ? », conformes à une vision gestionnaire, favorable au maintien de la domination du discours économique – sont à mettre au crédit du mot « décroissance ». Elle permet notamment de reprendre le débat sur l'autonomie de la société vis-à-vis de l'État, sur l'emprise de la raison comptable et instrumentale mobilisée par les grandes bureaucraties publiques (chercheurs scientifiques, gestionnaires, etc.) ou privées (groupes économiques et financiers). La diversité des réponses montre sans doute que, contrairement aux souhaits de certains, le mot « décroissance » ne peut, à lui seul, faire exister un mouvement social et intellectuel cohérent. Au fond, sa nouveauté radicale est surtout d'alerter sur la grande fragilisation des cultures et pratiques populaires fondées sur l'autolimitation des besoins, garantes pendant des siècles d'une certaine autonomie par rapport à l'État et aux macrosystèmes techniques [28].

---

28 M. Rahnema, *Quand la misère chasse la pauvreté*, *op. cit.* ; A. Accardo, *Le Petit Bourgeois Gentilhomme. Sur les prétentions hégémoniques des classes moyennes*, Agone, Marseille, 2009.

3

Pourquoi la décroissance, et pas le « développement durable » ?

OÙ IL EST UTILE DE RAPPELER LE SENS D'UNE EXPRESSION DONT IL EST FAIT USAGE DE FAÇON FRÉQUENTE ET INCONSIDÉRÉE

Le « développement durable » fut longtemps *persona non grata* dans le débat politique et économique. Inventé par les ONG, il figure pour la première fois sous sa forme actuelle dans la *Stratégie mondiale pour la conservation de la Nature* publié en 1980 conjointement par le World Wildlife Fund (WWF), l'Union internationale pour la conservation de la nature (UICN) et le Programme des Nations unies pour l'environnement [1]. Constatant que les voies empruntées par le développement se paient d'une destruction massive de la nature et, en ce sens, qu'il n'est pas « soutenable », il en appelle à un « développement durable » (dont aucune définition n'est donnée) qui se soucierait de faire « durer » les ressources naturelles, ce qui se traduit notamment par la nécessité d'impliquer les communautés locales dans l'usage des ressources : « Si le but du développement est d'assurer le bien-être économique et social, l'objet de la conservation est de s'assurer que les capacités de

---

1 UICN, UNEP et WWF, *World Conservation Strategy. Living Resource Conservation for Sustainable Development*, 1980.

la Terre puissent soutenir [*sustain*] le développement et toutes les formes de vie [2]. »

La « décroissance » s'est, au moins en partie, construite *contre* la notion de « développement durable ». Pourquoi et dans quelle mesure ces deux termes sont-ils opposables ?

Le « développement durable » : un choc Nord-Sud

On considère généralement que le « développement durable » fut précédé par l'« écodéveloppement [3] », terme et modèle proposé par Ignacy Sachs lors de la Conférence de Stockholm sur l'environnement humain en 1972. Se définissant comme « éco-socio-économiste », Sachs a développé une approche combinant politique sociale, protection de l'environnement et développement économique. Il a fondé le Centre international de recherche sur l'environnement et le développement, qui reste une référence dans le domaine.

Le « développement durable » est donc un concept qui est issu des pays du Nord, avec la volonté de faire face à ce qui apparaissait comme des problèmes d'« environnement », lesquels semblaient relever de questions de « biens publics » ou « patrimoine commun de l'humanité ». Qui pouvait bien vouloir exterminer les ours polaires, déstabiliser le climat ou polluer les eaux ? Personne, assurément. Le développement durable semblait donc incarner un nouvel universel.

Ce qui s'est produit à la Conférence de Stockholm de 1972 montre que les « communautés locales » et, plus

---

2 Notre traduction. La phrase originale est la suivante : « *For if the object of development is to provide for social and economic welfare, the object of conservation is to ensure Earth's capacity to sustain development and to support all life* », Préface, *in ibid.*

3 I. SACHS, *L'Écodéveloppement*, Syros, Paris, 1998.

généralement, le Sud avaient une lecture bien différente de la situation, et l'évolution des négociations depuis cette époque leur donne raison. La rencontre fut l'occasion de plusieurs chocs majeurs, comme l'explique Claude-Marie Vadrot[4]. Un premier choc eut lieu entre une vision très localiste des enjeux environnementaux, réduits à un ensemble de « pollutions » telles que les pluies acides dont il serait facile de venir à bout par quelques innovations techniques telles que le pot catalytique, et une mise en cause bien plus radicale des « modes de vie » des pays riches, notamment à travers le rapport rendu la même année par l'équipe du Club de Rome. Un second choc se produit entre les États « sous-développés » et les États « développés », les premiers ayant instantanément interprété le souci de « protéger l'environnement » comme une volonté d'entraver leur développement, une tentative de rationnement, un nouveau malthusianisme (*cf.* chapitre 5). Ces deux chocs vont structurer les débats internationaux. Les élites du Sud « sous-développé » entendent, elles aussi, développer leur économie et, si elles s'accordent formellement sur la nécessité de « protéger l'environnement », c'est à condition d'avoir obtenu leur part de bénéfices économiques, du fait du principe des « responsabilités communes mais différenciées », qui figure dans tous les grands textes relatifs à l'écopolitique internationale.

Suite à ces deux confrontations, une série de rencontres aboutit à la constitution, en 1983, de la Commission mondiale sur l'environnement et le développement (CMED), dirigée par l'ancienne Première ministre norvégienne Gro Harlem Brundtland, dont le but affiché est de concilier des aspirations contradictoires. En 1987, cette commission rend un rapport intitulé « Notre avenir à tous », plus connu sous le nom de « Rapport Brundtland », qui reprend l'idée d'un « développement durable ». Mais, comme la CMED

---

4 C.-M. Vadrot, *Déclaration des droits de la nature*, Seuil, Paris, 1972.

est constituée majoritairement de personnalités du Sud, elle l'étend largement au-delà de la question de l'environnement.

La CMED en appelle à la tenue d'un sommet international qui ne se soucierait pas seulement d'environnement mais aussi de développement. Ce sommet sur l'environnement et le développement aura lieu cinq ans plus tard à Rio. À l'occasion du Sommet de la Terre (1992), plusieurs textes importants sont signés. La convention-cadre sur les changements climatiques, dont il faut rappeler qu'elle a été signée par les États-Unis, possède un article 2 très explicite : « L'objectif ultime de la présente Convention et de tous instruments juridiques connexes que la Conférence des Parties pourrait adopter est de stabiliser, conformément aux dispositions pertinentes de la Convention, les concentrations de gaz à effet de serre dans l'atmosphère à un niveau qui empêche toute perturbation anthropique dangereuse du système climatique. Il conviendra d'atteindre ce niveau dans un délai suffisant pour que les écosystèmes puissent s'adapter naturellement aux changements climatiques, que la production alimentaire ne soit pas menacée et que le développement économique puisse se poursuivre d'une manière durable [5]. » Le Sommet de Rio aboutit aussi à la Convention sur la diversité biologique, ainsi qu'à un texte, l'Agenda 21, qui veut recenser de manière programmatique l'ensemble des enjeux pour le XXIe siècle. Ces textes sont toujours d'une brûlante actualité en 2010.

La définition du développement qui s'est imposée dans l'usage et dans les textes est celle-ci : le développement durable est « un développement qui répond aux besoins des générations du présent sans compromettre la capacité des générations futures à répondre aux leurs. Deux concepts sont

5 *Cf.* <http://unfccc.int>

inhérents à cette notion [de développement durable] : le concept de "besoins", et plus particulièrement des besoins essentiels des plus démunis, à qui il convient d'accorder la plus grande priorité, et l'idée des limitations que l'état de nos techniques et de notre organisation sociale impose sur la capacité de l'environnement à répondre aux besoins actuels et à venir ».

Bien que portant sur l'environnement et le développement, les textes de Rio furent pour l'essentiel négociés par les ministres de l'Environnement, dont le faible poids au sein des gouvernements nationaux fut attesté dix ans plus tard, en 2002, au Sommet mondial sur le développement durable de Johannesburg, initialement conçu pour faire état des progrès accomplis depuis Rio. Quand il s'avéra que les progrès étaient nuls, que les écosystèmes avaient continué de se dégrader et que les inégalités s'étaient accentuées, ce dernier sommet fut rebaptisé, lors des commissions préparatoires (« Prepcom »), le « sommet de la mise en œuvre » [6]. Et, en fait de « mise en œuvre », la plupart des observateurs s'accordent à dire que le sommet fut un échec : il ne produisit aucun engagement clair de la part d'aucune des parties. La responsabilité en incombe non aux ministres de l'Environnement, qui avaient quasiment disparu de la scène diplomatique, mais aux ministres des Affaires étrangères et de l'Économie, qui tenaient cette fois les commandes des négociations. De ce point de vue, Johannesburg a agi comme un révélateur : les contenus précis des vastes synthèses théoriques et diplomatiques tel le « développement durable » restaient – et restent encore – à définir.

6 P. Le Prestre, E. Dufault et B. Martimort-Asso, « Se souviendra-t-on du Sommet de Johannesburg ? », *Le Devoir*, 22 et 23 juin 2002, disponible sur <www.er.uqam.ca>

Un concept vidé de sa substance

Mais, au lieu d'entreprendre ce travail de clarification, le « développement durable » fut progressivement vidé de sa substance. On commença par oublier la seconde partie de la définition citée plus haut, celle qui se rapporte aux besoins des plus démunis. La question des inégalités sociales passait à la trappe au profit d'une définition dont la principale qualité était le caractère totalement vague et consensuel. On oublia aussi que le rapport Brundtland contenait en réalité plus de vingt définitions différentes du développement durable, qui allaient de l'écologisme le plus radical à la pure et simple poursuite de la croissance économique capitaliste, sans oublier de mentionner une plus grande redistribution des richesses. La définition retenue lors du Sommet de la Terre, dans sa concision, était à la fois pratique et suffisamment large pour accueillir les aspirations de tous les pays du monde quels que soient leur niveau de développement, leurs réalités écologiques et sociales. Elle fut surtout utilisée pour trahir l'esprit des textes signés à Rio.

L'exemple de la France est éloquent. Lors du Sommet de Johannesburg, le président Jacques Chirac prononça un discours assez fameux pour qu'on en cite intégralement le premier paragraphe : « Notre maison brûle et nous regardons ailleurs. La nature, mutilée, surexploitée, ne parvient plus à se reconstituer et nous refusons de l'admettre. L'humanité souffre. Elle souffre de mal-développement, au Nord comme au Sud, et nous sommes indifférents. La Terre et l'humanité sont en péril et nous en sommes tous responsables. » Ce discours témoigne en réalité de la dérive que connaît déjà alors le débat sur la crise écologique et sa réponse en termes de développement durable. D'abord, Jacques Chirac ne pointe aucune responsabilité particulière dans la crise, comme si chaque membre de l'« humanité » (le milliardaire occidental et le paysan burkinabé) polluait dans les mêmes proportions ;

ensuite, à l'issue du sommet, il ne prend aucune initiative à la hauteur de la situation, alors même qu'il se trouve en avril 2002, au tout début de son second mandat présidentiel, c'est-à-dire dans une période politiquement idéale pour entreprendre des réformes ambitieuses. Accompagnant ce décalage croissant entre les intentions et les faits, le développement durable passe sans guère de transition du statut de concept subversif à celui de concept « mou », vidé de sa substance.

À partir du moment où il fut décidé de « sauver la planète » (soit, en France, à partir du Grenelle de l'environnement organisé par le gouvernement Fillon sous la présidence Sarkozy), tout le monde se mit à « faire » du « développement durable ». Pour cela, il suffisait souvent de montrer que l'activité en question avait un intérêt quelconque en regard de l'économie, de l'écologie ou du social, de préférence dans l'ordre que nous venons d'indiquer. Or la plupart des activités existantes peuvent faire cette preuve, d'une manière ou d'une autre. Il suffit de trouver plus « sale » que soi pour pouvoir se qualifier de « propre » : l'avion est « plus propre » que la voiture si on ramène la consommation d'essence au kilomètre parcouru par voyageur (on ne dit pas qu'à partir de deux passagers l'automobile est plus économe), le nucléaire est « plus propre » que le pétrole parce qu'il émet peu de gaz à effet de serre, le pétrole est « plus propre » que le nucléaire parce qu'il n'émet pas de déchets impossibles à recycler, etc.

Bien sûr des mesures ont été prises, par exemple dans le domaine des énergies renouvelables ou du traitement des déchets, mais elles sont généralement restées sans grand effet jusqu'à une date récente – jusqu'à ce que se fasse le consensus sur l'enjeu écologique [7]. À partir de là les engagements publics deviennent plus conséquents, comme le soutien au développement des énergies renouvelables. Mais ces mesures, limitées, ont été noyées dans un déluge de « *greenwashing* »,

7 Voir F. Flipo, *Le Développement durable*, Bréal, Paris, 2007.

un ensemble d'opérations de communication qui tentent de valoriser des engagements sociaux ou environnementaux « en dépit de l'absence d'actions à la hauteur de cette communication [8] ».

L'ordre économique, quoique inchangé à quelques détails près, est ainsi devenu en quelques années miraculeusement compatible avec le « développement durable », ce qui donna lieu à une débauche de déclarations aussi générales qu'incohérentes : « Le Medef considère que le développement durable est un vecteur de croissance économique important ; plus encore, il souhaite faire du développement durable la marque de fabrique de l'économie française dans le monde. [...] La situation économique actuelle ne remet pas en cause les travaux du Grenelle de l'environnement, dont le Medef reste un acteur particulièrement engagé [9]. » Un représentant de l'industrie pétrolière pouvait ainsi affirmer sans ambages que « le développement durable, c'est tout d'abord produire plus d'énergie, plus de pétrole, plus de gaz, peut-être plus de charbon et de nucléaire, et certainement plus d'énergies renouvelables. Dans le même temps, il faut s'assurer que cela ne se fait pas au détriment de l'environnement [10] ». Certains, comme Michel-Édouard Leclerc, revendiquèrent ouvertement ce flou. « Le terme [développement durable] est tellement large, mis à toutes les sauces, qu'à l'exemple de Monsieur Jourdain, tout le monde peut le revendiquer. Et puis, c'est vrai, c'est un concept à la mode. Tant dans le monde des entreprises que dans tout débat de société. Et alors ? De tout temps, les marchands ont su récupérer les

8 Voir F. Benoit-Moreau, B. Parguel et F. Larceneux, « Comment prévenir le *greenwashing* ? L'influence des éléments d'exécution publicitaire », *Cahiers de Recherche DMSP*, n° 379, Paris-Dauphine/HEC, juin 2008.

9 Communiqué du Medef, 25 septembre 2008.

10 M. de Fabiani, président de BP France, 4e rencontres parlementaires sur l'énergie, jeudi 11 octobre 2001. Un fort plaisant « bêtisier du développement durable » est disponible sur <www.decroissance.org>.

bons slogans [11]. » Et, de fait, les publicitaires commencèrent à s'en donner à cœur joie, comme en témoigne ce slogan pour la Passat TDI Volkswagen : « La nature vous préoccupe. Et si votre premier geste citoyen était d'acheter une voiture ? » L'écologie devenait un argument de plus pour renforcer les tendances inégalitaires et autoritaires dominantes.

Le flou entourant la notion de développement durable est attesté par une publication de l'Office parlementaire d'évaluation des choix scientifiques et technologiques (OPECST), une institution peu suspecte de sympathie pour les objecteurs de croissance : « De prime abord, ce concept peut rallier à peu près tous les suffrages, à condition souvent de ne pas recevoir de contenu trop explicite. [...] L'équivoque de l'expression "développement durable" garantit son succès, y compris, voire surtout, dans les négociations internationales d'autant que, puisque le développement est proclamé durable, donc implicitement sans effets négatifs, il est consacré comme le modèle absolu à généraliser sur l'ensemble de la planète [12]. » Cette récupération a fini par provoquer la réaction d'acteurs qui peuvent difficilement être qualifiés d'« écologistes extrémistes », comme Nicolas Hulot : « On se gargarise tellement du terme développement durable qu'il finit par me donner la nausée. Quand je vois ceux qui veulent faire un grand prix de Formule 1 aux portes de Paris sous le signe du développement durable, je dis : "Halte au feu !" [13]. »

Dans ces conditions, comment peut-on encore parler de « développement durable » pour faire autre chose que

---

11 M.-E. Leclerc, *Le Nouvel Économiste*, 26 mars 2004.

12 M. Deneux, « L'ampleur des changements climatiques, de leurs causes et de leur impact possible sur la géographie de la France à l'horizon 2005, 2050 et 2100 », Rapport de l'OPECST n° 224 (2001-2002) fait au nom de l'Office parlementaire d'évaluation des choix scientifiques et techniques du Sénat, déposé le 13 février 2002.

13 N. Hulot, *Libération*, 19 septembre 2008.

l'apologie du développement existant ? Le terme, qui permettait, à partir d'un problème bien réel, d'appeler de toute urgence à nous mobiliser pour le résoudre, est aujourd'hui devenu un élément non négligeable dudit problème. En effet, lorsqu'on se rapporte aux faits, les réalisations phares du développement durable se révèlent parfois écologiquement catastrophiques ; il en va ainsi de la voiture électrique « propre » – à laquelle on ne demande jamais d'où vient son électricité...

Développement et décroissance

Devons-nous conclure que le concept de « développement » est irrémédiablement dévoyé ? Il n'y a pas d'accord évident au sein des objecteurs de croissance sur la question même si les positions penchent plutôt vers l'affirmative. Si S. Latouche affirme que le développement est « génétiquement occidentalo-centré [14] », P. Ariès, V. Cheynet ou T. Fotopoulos laissent l'expression de côté et ne tranchent pas la question.

Au-delà de la guerre des mots, il existe des enjeux de fond. Le terme « développement » est apparu assez récemment dans les politiques internationales. Ce n'est en effet qu'après la Seconde Guerre mondiale qu'il devient un mot d'ordre dominant. Dans le discours d'investiture de son deuxième mandat à la Maison-Blanche, le 20 janvier 1949, le président des États-Unis Harry Truman l'a, pour la première fois, explicitement élevé au rang de but suprême de l'intervention de l'État [15], même si la distinction des peuples par leur « degré de développement » était déjà présente dans

14 S. Latouche, *Le Pari de la décroissance*, Fayard, Paris, 2006, p. 133.
15 G. Rist, *Le Développement. Histoire d'une croyance occidentale*, *op. cit.*, p. 117.

l'article 22 de charte de la Société des Nations [16]. Le fameux « point quatre » du discours de Truman affirme : « Il nous faut lancer un nouveau programme qui soit audacieux et qui mette les avantages de notre avance scientifique et de notre progrès industriel au service de l'amélioration et de la croissance des régions sous-développées [17]. » Ce discours débouche sur la signature, en juin 1950 de l'*Act for International Development.*

Qu'est-ce que le « développement » ? Quelles sont les théories du développement ? Il faut donner quelques repères dans le domaine pour montrer où s'exerce la critique des objecteurs de croissance. Dans un ouvrage récent consacré à ce sujet, Éric Berr et Jean-Marie Harribey montrent que ces théories ont évolué et connu plusieurs phases [18]. Au cours d'une première période, les théories du développement se donnent pour objectif la modernisation des pays du tiers monde. Différents travaux peuvent être mentionnés : Walter Rostow pointe le problème de l'accumulation initiale [19] ; William H. Lewis la question de la dualité des économies « sous-développées » (caractérisée par un important secteur informel), rendant difficile tout pilotage par l'État [20] ; Ragnar Nurkse la question du manque d'épargne et du « cercle vicieux de la pauvreté » [21]. L'économiste François Perroux [22] s'est intéressé à la dynamique sociale et institutionnelle et a

---

16 *Ibid.*, p. 101.

17 La version originale en anglais peut être trouvée sur le site <http://www.usa-patriotism.com>.

18 É. Berr et J.-M. Harribey, *Le Développement en question(s)*, Presses Universitaires de Bordeaux, Cussac, 2006, p. 17-18.

19 W. W. Rostow, *The Stages of Economic Growth : A Non-Communist Manifesto*, Cambridge University Press, Cambridge, 1960.

20 W. A. Lewis, *Développement économique et planification*, Payot, Paris, 1979.

21 R. Nurkse, *Problems of Capital-Formation in Underdeveloped Countries*, Oxford University Press, 1953.

22 F. Perroux, *Pour une philosophie du nouveau développement*, Aubier/Presses de l'Unesco, Paris, 1981.

défini le développement comme « l'ensemble des transformations des structures économiques, sociales, institutionnelles et démographiques qui accompagnent la croissance, la rendent durable et, en général, améliorent les conditions de vie de la population ». Gunnar Myrdal et Raul Prebisch, s'intéresseront, quant à eux, au problème de la modification des structures productives dans une logique de substitution des importations [23].

Dans les années 1960, ces modèles ont fait l'objet d'une critique « de gauche » : le sous-développement étant la conséquence d'un « échange inégal » [24], le développement doit être le fruit d'une modification des rapports de forces entre le « centre » (les économies développées) et la « périphérie » (le tiers monde). La théorie du développement semble connaître un apogée avec la reconnaissance du « droit au développement en 1984 par les Nations unies.

Mais, depuis longtemps déjà, les « théories du développement » se morcellent et se désagrègent. Le « consensus de Washington » et ses préceptes néolibéraux (privatisation, dérégulation, etc.) qui se mettent en place au début des années 1980 dans les pays développés s'imposent de plus en plus dans les pays du Sud. Dès les années 1970, les grandes théories reculent au profit des études monographiques qui insistent sur les différences de « rationalité » des individus et de contexte entre les mondes « développé » et « sous-développé ». Dans les années 1980 et 1990, c'est le savoir et la connaissance qui furent mis au cœur du développement, notamment avec les travaux de John Roemer et ceux de

---

23 Y. Berthelot, *Unity and Diversity of Development, Unity and Diversity in Development Ideas – Perspectives From the Regional UN Commissions*, Indiana University Press, 2004, p. 31.

24 S. Amin, *L'Eurocentrisme*, Economica, Paris, 1998.

Robert Solow[25], le premier dans une lecture renouvelée de Marx qui fera école sous le nom de « marxisme analytique » et le second sous une forme néoclassique, que nous exposerons plus loin en détail.

Au regard de l'activité des commissions économiques régionales des Nations unies, il apparaît que si la théorie économique néoclassique a dominé les débats, elle a donné naissance à plusieurs courants distincts[26]. Gunnar Myrdal, à la tête de l'United Nations Economic Commission for Europe (UNECE) a cherché une voie entre néoclassique et marxisme ; P.S. Lokanathan de l'Economic Commission for Asia and the Far East (UNECAFE) a insisté sur la souveraineté des choix et l'assistance technique, dans des pays souvent fraîchement décolonisés ; Raul Prebisch, présidant la commission sud-américaine (UNECLA) a souligné l'importance de l'asymétrie qui existe dans les bénéfices qui sont tirés du commerce, tandis que l'agence régionale de l'Asie de l'Ouest (UNEWA) mettait l'accent sur le rôle néfaste des conflits...

Les sciences politiques ont aussi élaboré des théories du développement. Dans un ouvrage qui en fait l'inventaire, Bertrand Badie distingue plusieurs ensembles de modèles[27]. Les théories classiques font du développement politique le fruit d'un développement économique et social[28], qui aboutit dans la formation d'une « polyarchie ». Cette polyarchie est le but du développement, celui-ci étant en même temps sa condition de possibilité au sens où il en donne les moyens et abolit les obstacles : « Chaque société est conditionnée dans l'exercice du jeu politique par les possibilités que lui offre le

---

25 G. M. MEIER, « The old generation of development economists and the new », *in* G. M. MEIER et J. E. STIGLITZ (dir.), *Frontiers of Development Economics – The Future in Perspective*, The World Bank, 2000, p. 17.

26 Y. BERTHELOT, *Unity and Diversity of Development, op. cit.*

27 B. BADIE, *Le Développement politique*, Economica, Paris, 1994.

28 R. DAHL, *Polyarchy*, Yale University Press, New Haven, 1971.

niveau de développement auquel elle se situe [29]. » D'où de nombreux travaux pour vérifier les corrélations. Pour K. Deutsch, le changement politique est un effet attendu du processus de mobilisation requis pour mener à bien les transformations sociales et économiques [30]. Les travaux d'Edward Shils [31] inaugurent une perspective toute différente et un profond renouvellement théorique [32], avec l'idée que tous les États aspirent à la modernité mais qu'il existe une diversité d'obstacles à surmonter pour y parvenir. La modernité est définie par l'existence d'États dynamiques, démocratiques et égalitaires, rompus aux lois de la science, économiquement avancés, souverains et influents sur la scène internationale. G. Almond et B. Powell [33] abordent le problème sous un angle fonctionnaliste, montrant qu'un certain nombre de fonctions présentes dans les systèmes modernes sont absentes dans les systèmes « traditionnels » et plus encore dans les systèmes « primitifs » [34]. G. Almond et S. Verba insistent aussi sur la culture politique, et distinguent une culture du repli qui serait caractéristique des systèmes primitifs, une culture de sujétion dans les systèmes traditionnels et une culture de participation dans les systèmes modernes [35].

Ces premiers travaux possèdent quatre caractéristiques selon B. Badie [36] : le changement est un processus immanent au système social (la société primitive est le germe de la société moderne), ce changement est uniforme, le processus

29 B. Badie, *Le Développement politique, op. cit.*, p. 17.
30 *Ibid.*, p. 25.
31 E. Sihls, *Political Development in the New States*, Mouton and Co., La Hague, 1960.
32 B. Badie, *Le Développement politique, op. cit.*, p. 35.
33 G. A. Almond et B. Powell, *Comparative Politics : Systems, Process and Policy*, TBS The Book Service Ltd, Londres, 1978.
34 B. Badie, *Le Développement politique, op. cit.*, p. 51.
35 *Ibid.*, p. 48. G. A. Almond et S. Verba, *The Civic Culture : Political Attitudes and Democracy in Five Nations*, Sage, London, 1989.
36 *Ibid.*, p. 73-76.

est finalisé et la croissance joue un rôle majeur, enfin le processus est continu.

Les modèles ultérieurs introduisent la notion de « crise », mais, chez Abramo Fimo Kenneth Organski par exemple [37], la crise est ce qui conduit d'une étape à l'autre : phase d'unification primitive, d'industrialisation, bien-être et abondance [38]. D. Apter [39] introduit un nouveau fonctionnalisme ancré dans deux variables, le type d'autorité et les valeurs des individus (consommatoires ou instrumentales, consommation différée vers des buts plus lointains). Il existe aussi le modèle centre-périphérie : présence d'un centre, influence sur la périphérie, adaptation active et réorganisation progressive – affaiblissement des liens communautaires, apparition de règles impersonnelles et d'organisations bureaucratiques centrales [40].

B. Badie affirme que les modèles suivants n'ont plus de prétention totalisante et exhaustive, ils n'ont de prétention qu'heuristique [41]. « Dès le début des années 1960, la plupart des auteurs ont abandonné la prétention de fournir une théorie générale du développement politique. Moins normatifs, plus descriptifs, ils se sont surtout attachés à construire des modèles formels d'un jeu de variables pouvant conditionner, dans des situations types, les possibilités d'adaptation politique à la modernisation [42]. »

Que retenir de ce bref état des lieux des théories du « développement » ? Un enseignement très important au regard de notre sujet : *toutes* les théories du développement intègrent la croissance économique – et *aucune* n'intègre la

---

37 A. Fimo et K. Organski, *The Stages of Political Development*, Alfred A. Knopf, New York, 1965.

38 B. Badie, *Le Développement politique*, *op. cit.*, p. 65-76.

39 D. E. Apter, *The Politics of Modernization*, University of Chicago Press, Chicago, 1965.

40 B. Badie, *Le Développement politique*, *op. cit.*, p. 113-115.

41 *Ibid.*, p. 81.

42 *Ibid.*, « Préface » de Georges Lavau.

question des inégalités écologiques. Dans toutes ces théories, si la croissance n'est pas le but, elle est au moins l'une des conditions *nécessaires* d'un « développement » qui fait invariablement l'impasse sur la question écologique. Alors que la modernité se glorifie de son universalité, aucune des théories mentionnées ne se soucie de démontrer que le mode de vie ainsi mis en place est universalisable sur le plan écologique. N'est-ce pas pour le moins surprenant ? Dérangeant ? Le fait est là : il n'y a pas, aujourd'hui de théorie du « développement » qui admette une décroissance, en particulier une décroissance de l'économie. C'est donc peu dire que la décroissance ouvre, sur le fond, des perspectives *radicalement nouvelles*.

Derrière le développement

Avant d'être une théorie économique, le développement apparaît d'abord, pour les objecteurs de croissance, comme une thèse sur la nature humaine, alors que la modernité se fait une gloire de n'en avoir aucune [43]. D'ailleurs, le célèbre dictionnaire de philosophie Lalande, dont la première édition date de 1921, renvoie « développement » à « genèse », c'est-à-dire rien moins qu'à l'origine des choses. « Genèse » renvoie à « évolution » qui comporte la définition suivante : « A. développement d'un principe interne qui, d'abord latent, s'actualise peu à peu, et finit par devenir manifeste. B. Transformation graduelle, et conçue en général comme assez lente, ou comme formée de changements élémentaires assez minimes pour n'être pas remarqués. S'oppose soit à permanence, soit à révolution. C. Suite de transformations en un même sens. » L'idée de fond est que ce qui se développe dans l'homme est ce qui était autrefois enveloppé, il y a

43 A. Renaut et L. Ferry, *Philosophie politique*, Paris, PUF, 2007.

donc une continuité en substance et non une liberté de choix. Cette absence de choix se traduit par l'émergence des « lois du marché » auxquelles les Modernes sont soumis et disciplinés ainsi que par un « progrès technique » dont l'évolution est spontanée et dont la définition échappe à toute décision démocratique. Le développement, c'est l'émergence de l'homme en tant que tel – l'homme en vérité. Et la vérité exclut l'opinion.

Des travaux plus récents vont dans le même sens. Daniel Becquemont affirme que le « développement » est un terme qui vient de la biologie, et plus exactement de l'embryologie [44], puis est ensuite utilisé dans la théorie de l'évolution des espèces. Schelling (1775-1854) considérait que la nature au travers des individus progressait graduellement par étapes vers des formes plus adéquates à leur essence. Le développement de formes plus élaborées comme l'être humain récapitulait au cours de sa maturation les différentes formes animales et végétales. K. E. von Baer formula des « lois du développement » qui mettaient l'accent sur le passage d'une masse homogène à une hétérogénéité croissante par différenciation. Ces théories servirent à fonder de nombreuses théories de l'évolution du cosmos et de l'humanité. Herbert Spencer affirma de même que le passage de l'homogène à l'hétérogène est aussi la loi de tout changement social et de tout progrès – de l'artisanat aux manufactures puis à la « grande industrie ». Cette différenciation est assimilée à une « prise de conscience de soi » de la société, qui actualise peu à peu ses potentialités – à la manière d'un être vivant qui naît et qui grandit.

Il est important de relever que l'évolution des sociétés est pensée ici comme relevant de la science, non de la politique et de la morale. Si histoire il y a, c'est l'histoire de l'actualisation

44 D. Becquemont, « Développement », *in* D. Lecourt (dir.), *Dictionnaire d'histoire et de philosophie des sciences*, PUF, Paris, 1999, p. 303-307.

d'une forme qui était déjà présente au départ, il n'y a donc pas besoin d'en discuter démocratiquement, les spécialistes peuvent remplacer la *vox populi* pour l'essentiel et ne lui laisser décider que des ajustements marginaux.

Finalement, au cœur de la critique « humaniste » de l'écologie, on découvre vite une forme de scientisme hostile à toute décision démocratique. La haine de la technologie, c'est la haine de l'humanisme, affirme Luc Ferry, « la haine des artifices liés à notre civilisation du déracinement est aussi la haine de l'humain comme tel [45] ». Pour Luc Ferry, tout comme pour l'ancien ministre Claude Allègre, la seule solution possible face à la crise écologique, c'est la technologie [46], il n'y a même pas besoin d'en débattre. Il y a donc d'un côté l'écologie « moderne » qui entend résoudre la crise environnementale avec les mêmes moyens que ceux qui ont servi à « dominer la nature », de l'autre, une écologie qui estime que l'enjeu du conflit est la modernité elle-même, du moins la modernité des écologistes « modernes ».

On ne peut qu'être frappé de la cécité de ces auteurs face aux critiques de la technique. La modernité paraît baigner dans un esprit de religiosité que les plus grands sociologues semblent avoir ignoré, peut-être en raison du « Grand Partage » entre sciences de la nature et sciences de la société. Très rares sont les sociologues qui ne prennent pas la technique moderne pour chose acquise, pour l'éternité. C'est un fait et non un choix. Le « développement », étant « scientifique » et « technique », et par là soustrait à la sphère du débat public, n'a donc plus grand-chose à voir avec le progrès moral et politique souhaité par les philosophes des Lumières aussi différents que Rousseau, Locke, Kant ou Condorcet.

---

45 L. Ferry, *Le Nouvel Ordre écologique*, Grasset, Paris, 1992, p. 33.

46 Voir l'entretien entre L. Ferry et N. Kosciusko-Morizet « Quelle écologie pour aujourd'hui ? », *Le Figaro*, 8 juillet 2008 <*http://www.lefigaro.fr/*>.

La Providence a donné aux Modernes la recette pour atteindre le Graal de l'abondance – ce qui permet aussi de légitimer les sacrifices à consentir et la discipline à s'imposer. À cet égard le jugement de l'économiste John M. Keynes est sans appel. Il renvoie l'ensemble de l'histoire de l'humanité à des conditions d'existence difficiles, « épidémies, famines, guerres » : « Ce rythme lent du progrès, ou cette absence de progrès, provenait de deux raisons : l'absence singulière de toute invention technique importante, et l'incapacité d'accumuler des capitaux. [...] Les temps modernes ont débuté, je crois, avec la formation d'un capital qui se fit au XVIe siècle [47]. » Envisageant les problèmes soulevés par la technique, il n'y voit qu'un « état temporaire de réadaptation. Tout ceci signifie, en fin de compte, que l'humanité est en train de résoudre le problème économique. Je prédirais volontiers que le niveau de vie dans les pays qui évoluent sera d'ici cent ans, de quatre à huit fois aussi élevé qu'aujourd'hui. [...] Mais l'on peut envisager un progrès beaucoup plus considérable encore [48] ». Les sacrifices à consentir ? Les voici, résumés dans une phrase célèbre : « L'Avarice, et l'Usure, et la Méfiance sont des dieux qu'il nous faut conserver encore un petit moment. Car eux seuls peuvent nous guider à travers le tunnel des nécessités économiques, vers la lumière [49]. » On ne saurait être plus clair : le vocabulaire religieux, la nécessité de maintenir les rituels en dépit de l'incertitude sur l'issue. Ainsi s'explique que, pour bénéficier du progrès, il n'y ait pas besoin de vertu morale, bien au contraire. Rien de tout cela ne tiendrait s'il n'y avait la Providence de la « main invisible » seule capable d'harmoniser les intérêts – certains intérêts, à l'exclusion des autres, qui doivent être mis à l'écart.

---

47 J. M. KEYNES, « Perspectives économiques pour nos petits-enfants », *Essais de persuasion*, Gallimard, Paris, 1931, p. 3.

48 *Ibid.*

49 *Ibid.*

Peut-on résoudre le problème en abolissant le capitalisme par un « contrôle conscient des forces de production » ? Du côté socialiste, on oublie un peu vite, à force de dénoncer « la main invisible du marché », que l'on a proposé la même voie non démocratique, cette fois avec un gouvernement par la science de l'État. Condorcet, Auguste Comte et Saint-Simon cherchent à construire une pensée univoque de l'organisme social, qui ne nécessite pas de participation populaire.

De fait, dans le socialisme naissant, l'image d'une société conçue comme un « gros organisme » est peut-être encore plus prégnante que dans le libéralisme. Ici ce n'est pas l'intérêt économique qui organise la société mais des « ingénieurs sociaux » qui se passent de la *vox populi* pour déterminer ce qui est bon pour les humains. Marx, qui critique ces « socialistes utopiques » et met la critique de la forme marchandise au cœur de son œuvre, ne s'égare pas dans de tels détours naturalistes mais reste dépendant d'une philosophie de l'histoire, le « matérialisme historique », qui fait jouer au capitalisme et à la marchandise le rôle de « ruse de l'histoire » vers une société communiste, conçue comme une société d'abondance. D'où son évaluation du rôle historique (et révolutionnaire) de la bourgeoisie et la faiblesse de sa critique des « forces productives » libérées par le capitalisme, qu'il considère implicitement comme autant de progrès.

Au regard de ce qui précède, le concept de « développement » est donc extrêmement lourd de présupposés. En discuter implique non seulement de sortir des questions traitées par la seule discipline « économie » mais aussi de demander raison à l'économie de son existence, de sa compétence, de sa prétention à la science – qui plus est au statut d'une science équivalente aux sciences *de la nature*.

Historiens et anthropologues feraient peut-être valoir ici le fait que toutes ces thèses évolutionnistes appartiennent au passé. Mais l'objection est là, sous nos yeux : *personne* ne défend clairement une alternative à *cette* évolution-*là*.

Et quand naît une critique de la croissance, le débat vire immanquablement à la polémique autour du *primitivisme*, comme si mettre en cause la croissance, c'était forcément vouloir « revenir à l'âge de pierre », comme s'il n'y avait aucune autre alternative. Le primitif étant pensé comme l'incarnation de l'enfer, son extrême opposé autodéclaré, la modernité, peut se décerner la qualité de paradis et disqualifier la position de ceux qui sortent du cadre moderne et osent admettre que les sociétés « prémodernes », dans leur extrême diversité ont quelque chose à dire sur l'avenir de l'humanité et pas seulement sur son passé. Pour un débat dépassé, il semble bien vif !

Sortir de l'opposition stérile entre l'enfer et le paradis, entre la société primitive et la société moderne est un enjeu vital. Cette opposition grossière stérilise complètement la réflexion sur les alternatives possibles. S'il est nécessaire d'en sortir, ce n'est pas pour conclure que « revenir à l'âge de pierre » est la meilleure solution possible pour l'humanité, mais pour échapper à la dichotomie simpliste entre pays « développés » et pays « en développement », à son asymétrie normative (les premiers donnent la norme aux seconds) et discursive (les seconds n'ont rien d'intéressant à proposer). L'enjeu est plutôt de sortir du « mal-développement » du Nord et du Sud tout ensemble, pour ouvrir vers un nouvel universalisme.

Faute d'avoir ces débats nécessaires, le développement durable se cantonne à un ensemble de recettes managériales et gestionnaires – dans les bibliothèques du monde entier, les ouvrages consacrés au développement durable sont rangés dans le rayon « économie » et non dans le rayon « sciences politiques » ou « philosophie ». Ses recettes ont d'autant moins de chances de réussir que les critères politiques et philosophiques qui organisent leur sélection ne sont pas du tout favorables aux objectifs affichés – bien au contraire.

4

La décroissance, est-ce la fin du progrès scientifique et technique ?

OÙ IL APPARAÎT QUE LE RETOUR AUX CAVERNES HUMIDES ET AUX CHANDELLES N'EST PAS PRÉCISÉMENT LE MODÈLE EN VOGUE, MÊME CHEZ LES RADICAUX IRRESPONSABLES

Les objecteurs de croissance s'en prennent souvent à la « science » et au « progrès ». Les opposants à la décroissance répliquent alors que critiquer la science, c'est basculer dans l'irrationalisme et l'obscurantisme. En réalité, ce qui est mis en cause par l'objection de croissance est l'idée que la science moderne en tant qu'élément essentiel du développement se traduirait par une amélioration continue de la connaissance de la nature, ce qui conduirait à une amélioration universelle des conditions de vie, *via* le progrès technique.

Une meilleure connaissance de la nature ?

L'apport de l'écologie politique fut de révéler au grand jour la dépendance de la modernité à une cosmologie dominante qui trouve ses fondements dans une conception cartésienne de la nature. Or l'écologie diffère profondément de cette conception par plusieurs traits :

– elle postule d'abord l'absence de séparation claire entre l'observateur et l'observé. Les caractéristiques de l'objet « écosystème » interdisent tout recourt à la méthode expérimentale classique, pour plusieurs raisons. D'abord mener une expérimentation avec un écosystème, c'est risquer d'en changer les lois, et non de les mettre au jour : l'expérience *transforme* l'objet observé. L'expérience Biosphère II, qui entendait recréer un écosystème entièrement artificiel sur 1,27 hectare dans le désert d'Arizona [1], a englouti 200 millions de dollars et s'est terminée par un échec. Cela montre que nous sommes très loin de pouvoir maîtriser de telles transformations, d'en comprendre les « lois », si elles existent. Il serait sans doute plus adéquat d'affirmer que l'écologie relève de l'*histoire*, et non de la physique au sens où nous l'entendons aujourd'hui ;

– elle considère que des évolutions irréversibles sont possibles : les expérimentations peuvent conduire l'écosystème vers un brutal changement d'équilibre, ou même sa destruction irréversible, ce qui pose des questions éthiques qui n'avaient pas cours dans le cas de la physique. Procéder à une expérience avec l'écosystème, c'est aussi faire une expérience avec ses habitants. Les « sceptiques du climat », par exemple, en niant toute certitude dans le domaine du réchauffement et en en déduisant qu'il n'y a pas lieu de réduire les émissions de gaz à effet de serre, se prononcent en fait pour une expérience grandeur réelle avec la planète et ses habitants, car ils ne sont pas en mesure de prouver que ces gaz sont sans effet sur un processus de réchauffement que pratiquement personne ne conteste plus. La critique écologiste a donc très rapidement mobilisé le « principe de précaution », dont le père philosophique est Hans Jonas, pour mettre en cause des expérimentations jugées éthiquement et politiquement inacceptables – ainsi des OGM ou des réacteurs nucléaires. Ce risque est d'ailleurs réglementé à l'échelle internationale par la

1 Le but était de créer et contrôler un écosystème artificiel.

convention ENMOD [2] (1976), qui prohibe la modification de l'environnement à des fins hostiles ; il est donc déterminé des limites à ne pas dépasser pour l'activité guerrière afin de ne pas mettre en danger la pérennité de l'habitat humain ;

– elle postule l'absence de relation directe entre dose et réponse. Ainsi les faibles doses et l'exposition chronique à des substances toxiques (éléments radioactifs, pesticides, perturbateurs endocriniens, etc.) bouleversent les modèles épidémiologiques classiques, fondés sur l'évaluation des effets de fortes doses reçues lors d'une exposition aiguë. Les faibles doses sont par exemple soupçonnées de provoquer la chute des populations d'abeilles, la fertilité masculine, l'augmentation tendancielle des cancers, etc.

L'interdépendance et l'existence de l'effet de seuil rendent l'écologiste plus prudent que l'industriel prométhéen. Désormais une petite cause peut produire de grands effets. Domestiquer la nature ne consiste plus à assembler des forces qui s'excluent mutuellement, à partir de l'échange entre individus mais à s'insérer dans un tissu complexe tissé de microforces évolutives et interconnectées. Il n'y a plus d'extériorité de l'individu par rapport à cette nature. Et il ne s'agit pas là d'une thèse métaphysique, mais d'une observation empirique : la consommation de pétrole en France change bel et bien le climat en Australie. Il n'y a plus non plus de distinction claire qui soit possible entre le « tien » et le « mien » car les répercussions d'une action dépassent toujours les frontières de la propriété et les ignorent – ce qui réactualise la thèse classique de la propriété commune de la Terre.

Plus troublant encore, un certain nombre de pratiques prémodernes trouvent une justification : les « bois sacrés » peuvent être interprétés comme des réserves naturelles, les interdits touchant telle ou telle partie de la nature

2 « Convention sur l'interdiction d'utiliser des techniques de modification de l'environnement à des fins militaires ou toutes autres fins hostiles. »

environnant le village ont une fonction régulatrice sur les prélèvements en eau, en gibier, etc. La relecture des travaux de Durkheim sur le totémisme australien à l'aune d'une analyse écologique serait à faire, tant sa description donne à voir un ensemble de sociétés qui, *via* l'usage de totems, a trouvé différentes techniques pour se répartir la charge de protection de différentes espèces qui sont aussi des espèces clés pour la pérennité de chacune d'entre elles [3]. Il est curieux de constater que, pour Maurice Daumas, si les sociétés primitives sont superstitieuses, c'est parce qu'elles avaient le tort de penser que la nature n'était pas une substance étendue et qu'elle n'existait pas *partes extra partes* mais qu'elle était vivante et faite d'interdépendances [4]. Curieuse coïncidence ! Que peuvent bien représenter comme « avancées » les merveilleuses découvertes de la mécanique quantique si la société qui les produit n'est même pas capable de connaître suffisamment son milieu pour assurer sa propre pérennité ?

Jared Diamond par exemple montre comment les savoirs des Néo-Guinéens sont parfaitement adaptés à leur environnement – c'est d'ailleurs pourquoi les firmes pharmaceutiques s'intéressent aux savoirs autochtones pour en tirer des médicaments, parfois avec des méthodes qui relèvent de la « biopiraterie ». De leur côté, Tobie Nathan et Isabelle Stengers mettent en garde contre une « tolérance » qui ne serait que le reflet de notre propre sentiment de supériorité, reléguant le savoir « autre » à l'état de folklore dont l'intérêt ne serait qu'esthétique [5]. Bien des éléments structurants de ce que nous entendons par « développement » révèlent leur ethnocentrisme.

---

3 E. Durkheim, *Les Formes élémentaires de la vie religieuse* [1912], PUF, Paris, 1968.

4 M. Daumas, *Histoire des techniques*, PUF, Paris, 1996.

5 T. Nathan et Isabelle Stengers, *Médecins et sorciers*, Synthelabo, Paris, 1995. Isabelle Stengers n'est pas hostile à la décroissance <http://sociologiascom.blogspot.com>

Peut-on trouver dans d'autres cultures les éléments intéressants pour inventer un nouveau monde commun ? La décroissance dont il est question ici peut être comprise comme une décroissance des prétentions de l'Occident à détenir à lui seul l'universalité, d'où une ouverture accrue à autrui – et non un repli identitaire, c'est là toute la différence avec une décroissance subie qui prendrait la forme d'une fermeture à l'autre

La mise en cause de la naturalité du « progrès technique »

Selon la version officielle, la science moderne est fondée sur la capacité à tirer des lois, souvent de type mathématique, à partir de phénomènes reproductibles. Ceci permet de progresser dans la domestication de la matière, d'abord la mécanique des corps à échelle humaine, puis l'infiniment grand et l'infiniment petit[6]. L'histoire de l'humanité est ainsi celle de la domestication progressive de la nature. Les peuples religieux ou animistes ne pouvaient accéder à la science véritable car ils n'étaient pas capables de distinguer adéquatement entre la matière et l'esprit, à l'inverse de Descartes puis de Newton. Ils vivaient dans un monde panthéiste et empli de superstitions.

Pierre Guyader, dans son ouvrage *Les Étapes de la physique*[7] (1950), adopte cette approche en « étapes » successives et cumulatives : tel est le « progrès » – et il ne peut pas être autrement puisque les résultats successifs sont déterminés par la division croissante du travail. Les connaissances sont dès lors réputées « augmenter » sans qu'il y ait besoin d'un débat démocratique pour en juger car c'est un fait calculable,

---

6 M. Daumas, *Histoire des techniques*, *op. cit.*

7 P. Guyader, *Les Étapes de la physique*, PUF, Paris, 1950.

mesurable – par exemple par le nombre de brevets, d'articles publiés, le nombre de spécialistes, etc. Comme l'affirma Max Weber, « on peut construire l'histoire de la technique sous l'aspect d'une objectivation progressive de l'activité rationnelle par rapport à une fin [8] ». On ne parle plus des techniques comme s'il s'agissait de simples moyens dont l'efficacité n'est appréciable qu'en regard de buts donnés par celles et ceux qui les utilisent mais de progrès en soi, de progrès de « la » technique – Jacques Ellul fera la phénoménologie de cette évolution telle qu'elle est vécue par celles et ceux qui n'y croient pas et se trouvent progressivement enfermés dans un monde qui les contraint à des modes de vie qu'ils n'ont pas voulus.

La sociologie elle-même a largement souscrit à l'idée que le développement résulte d'une différenciation sociale, soit une séparation de plus en plus marquée des places et des fonctions sociales. Ainsi les peuples anciens confondaient-ils science, religion, politique, économie, et dans l'économie ils confondaient le commerce et la production, etc., toutes choses que la modernité aurait adéquatement séparées. Durkheim distingue ainsi la solidarité « mécanique » et la solidarité « organique », voyant dans la différenciation interne un indicateur de progrès [9]. Quant à Weber, il perçoit un procès de « rationalisation » et de « désenchantement du monde » dont on ne saura jamais s'il le soutient ou le regrette [10]. Cette différenciation donne lieu à une prolifération de nouvelles fonctions, une division du travail croissante : la modernité prend l'habitude de créer de nouveaux corps de spécialistes, de lois, etc. qui viennent s'ajouter aux autres. Aussi les « détours de production » s'allongent-ils, le nombre de

8 Cité *in* J. Prades (dir.), *La Technoscience*, L'Harmattan, Paris, 1992, p. 12-14.

9 É. Durkheim, *De la division du travail social* [1893], PUF, Paris, 1993 ; *Les Formes élémentaires de la vie religieuse* [1912], PUF, Paris, 1968.

10 M. Weber, *L'Éthique protestante ou l'esprit du capitalisme* [1905], Plon, Paris, 1964.

spécialistes mis en coopération s'accroît, culminant dans des projets tels que la conquête spatiale ou l'industrie électronique. Tel est le « progrès technique », une évolution qui se déroule de manière automatique et anonyme et nous emmène vers le progrès.

On pourra objecter que ces tendances évolutionnistes n'ont plus cours, qu'il s'agit plutôt d'une caractéristique du XIXe siècle. Pourtant les manuels scolaires se font encore l'écho de cette vision. Et l'espace public est rempli de ses grands prêtres. Une version extrême de cette thèse est par exemple celle défendue par Raymond Kurzweil et le transhumanisme : les progrès dans le domaine des connaissances sont tels que, nous dit-on, l'humanité est sur le point de pouvoir percer le secret de l'évolution, arrivant ainsi à une « singularité », c'est-à-dire un point au-delà duquel l'humanité laissera la place à quelque chose de plus évolué, de plus développé. Le « Manifeste transhumaniste [11] » – qui semble avoir été rebaptisé « Humanity + [12] » – proclame les convictions partagées par beaucoup d'Occidentaux : la technologie apportera des « améliorations de l'humanité », comme elle a déjà commencé à le faire, à savoir le rajeunissement, l'abolition de la souffrance, l'exploration de l'univers et la transgression de nos limites biologiques naturelles. Paul Krugman, prix Nobel d'économie 2008, affirme ainsi dans un ouvrage récent, sur le ton de l'évidence, que « demain » il n'y aura nulle activité humaine qui ne pourra être assurée par une machine [13]. Pour les partisans de la « technologie », tout arrêt dans la « progression » des machines est vécu comme un arrêt de mort ou un retour en arrière.

11 Disponible sur <http://www.transhumanism.org>.

12 Le site <transhumanism.org> renvoie désormais automatiquement vers <http://humanityplus.org>.

13 P. Krugman, *La Mondialisation n'est pas coupable. Vertus et limites du libre-échange*, La Découverte, Paris, 2000, p. 194.

Ce Grand Récit se donne volontiers pour le progrès de l'Humanité tout entière. C'est l'humanité en tant qu'espèce qui acquiert ces nouveaux pouvoirs : « L'homme a marché sur la Lune », dira-t-on à propos de l'exploit d'un seul être humain parmi les milliards d'autres qui n'ont jamais mis (et ne mettront jamais) le pied en dehors de la planète Terre. Il n'est pas certain que les peuples du monde entier se fussent extasiés devant cet exploit si on leur avait présenté la facture monétaire et énergétique. Tant que « marcher sur la Lune » avait l'apparence d'un prodige gratuit, on pouvait jouer sur l'ignorance et la crédulité des foules pour les éblouir. La même aventure relancée aujourd'hui risquerait fort d'être interprétée comme un péché d'orgueil, le chant du cygne de l'hyperpuissance américaine, de plus en plus critiquée partout dans le monde en raison de son mode de vie extravagant – et meurtrier.

Donc non seulement ce discours est encore extrêmement présent mais surtout *nul n'imagine que l'avenir puisse être différent du passé*. Nul n'imagine de « progrès » qui passe par le « renoncement » aux fusées interplanétaires, à la civilisation automobile, etc. – et cela sans même avoir débattu publiquement du pour et du contre d'une telle thèse : c'est *scientifique*. La décroissance rétorque alors : face à de telles assertions, dénuées de toute analyse sérieuse, confisquées par l'expertise officielle, où est la raison ? Où est la démocratie ? Qui est superstitieux ?

Comment expliquer que l'évolution technique puisse être vécue sur le mode de la naturalité : « la » technologie « nous apportant » la toute-puissance ? Quel est donc ce Sujet non-humain et néanmoins doué de discernement à l'œuvre dans notre monde ? Comment expliquer que la contestation des choix techniques se polarise très vite autour des « technophiles » et des « technophobes » – comme le suggère d'ailleurs explicitement l'association qui assure la promotion de la Déclaration transhumaniste, qui se présente comme

« technoprogressiste [14] » ? L'évolution de la technique ne pose-t-elle qu'un problème de confiance, devons-nous simplement avoir foi en elle ? Dans ce domaine toute idée d'évaluation collective délibérée est-elle à récuser ?

Le cas des nanotechnologies et des différents « débats publics » à leur sujet qui se sont déroulés au cours de l'année 2009 est emblématique. Ils furent organisés par un État qui, *via* le Commissariat à l'énergie atomique, finance l'un des grands pôles mondiaux du développement des nanotechnologies. Ce qui était débattu était étroitement contraint. Il ne fut jamais question d'examiner sérieusement les problèmes en vue desquels les nanotechnologies sont développées (santé, environnement, etc.) ni s'il existait des alternatives pour les résoudre. Le débat fut soigneusement confiné à la définition du *bon usage* de techniques qu'il était hors de question de remettre en cause. Comment, dans ces conditions pourrait-on discuter d'autre chose que des ajustements de détail pour des techniques massivement financées et d'ores et déjà présentes dans des objets de la vie courante ? Et ce sont les partisans de la décroissance, qui ont le malheur de vouloir faire d'autres choix techniques, qui sont accusés de « dogmatisme »... Comment un esprit rationnel pourrait-il être convaincu par un tel tour de passe-passe, à moins d'être lui-même secrètement « technophile » ?

On pourrait encore objecter que les nanotechnologies n'oblitèrent pas d'autres choix possibles – que les objecteurs de croissance développent eux-mêmes ces alternatives ! Or c'est là un argument fallacieux. D'abord parce que les choix technologiques absorbent de fait toutes les ressources financières disponibles, ainsi que le nucléaire l'a fait aux dépens des énergies renouvelables. Le partisan des renouvelables peut aller de guichet en guichet, de ministère en grand argentier, il ne trouvera rien, ou pas grand-chose. De plus, ces choix

14 <http://www.transhumanistes.com>.

absorbent aussi les compétences et les réseaux disponibles. Leur présence oblitère d'autres choix possibles, par différents phénomènes d'encombrement. Leur poids est tel qu'elles concentrent tout : les filières de formation, les usines, les moyens techniques et financiers, les réseaux de compétences dans l'installation, la distribution, etc.

L'opposition technophilie/technophobie dit donc autre chose que l'opposition ou l'adhésion à « la » technique, elle dit l'opposition ou l'adhésion à *certaines* techniques au détriment d'autres. Ces techniques vont toutes dans le même sens : celui de la concentration, de la capitalisation, de la division croissante du travail – et de la croissance. Si les transhumanistes appellent de leurs vœux l'abolition de la souffrance, par exemple, ce n'est certainement pas par la voie bouddhiste, mais par des moyens hautement capitalistiques, et il n'est pas indifférent que certains de leurs hérauts, tel Ray Kurzweil, soient aussi des dirigeants d'entreprise.

Quand les yeux se dessillent, où sont les progrès tant vantés ? Les biotechnologies vont-elles nourrir le monde, par exemple, comme le clame l'entreprise Monsanto ? N'est-ce qu'un problème de brevets, comme le suggère Attac ? On peut bien déclarer vouloir utiliser les biotechnologies pour les pays pauvres, à l'instar du Centre de coopération internationale en recherche agronomique pour le développement (CIRAD) – les objecteurs de croissance pensent que ce ne sera jamais suivi d'effet, car ces biotechnologies servent et serviront encore à l'avenir à d'autres buts. Tout d'abord nul, pas même le CIRAD, ne saurait avoir investi autant d'argent sans demander ensuite un retour sur investissement, que les pays pauvres ne seront jamais à même de payer. Les biotechnologies (tout comme les nanotechnologies) ont demandé des capitaux énormes, peut-on croire que leurs promoteurs accepteraient de les perdre, quand bien même il s'agirait de l'État ? Ensuite, l'appropriation des OGM demanderait que les pays pauvres puissent se rendre maîtres de la sélection, ce qu'ils étaient avec les semences paysannes qu'ils utilisaient avant. Pour cela, il leur faudrait importer toute l'infrastructure et la division du travail correspondante, soit finalement importer la société occidentale tout entière en quelques années... Enfin, toute cette discussion laisse de côté la question des alternatives disponibles (les plantes résistantes au sel existent déjà, par exemple), dont le seul tort est de ne pas entrer dans le domaine de compétence des organismes centralisés promoteurs des OGM.

Le débat sur les « besoins » est en effet profondément biaisé – notamment du fait des énormes enjeux économiques. Ce qui est présenté comme les « besoins des populations » est défini et établi par des macrosystèmes techniques privés ou publics (haute fonction publique, grands organismes de recherche, grandes entreprises, etc.) qui ne parlent en réalité que de ce dont ils ont besoin pour continuer à exister et « se développer », même si cela va à l'encontre des « besoins » ressentis subjectivement par les êtres humains concernés. Ces biais dans la définition des besoins touchent jusqu'à l'orientation des recherches scientifiques. Le citoyen pense que le chercheur est totalement libre de ses recherches, en réalité la « *big science* » qui repose sur l'usage d'instruments extrêmement coûteux dépend totalement de ses sources de financement. On oublie souvent que l'activité scientifique moderne a une existence matérielle et économique, ainsi que le rappelle Alan Chalmers [15] : on ne peut mettre en évidence le « boson de Higgs » sans accélérateur de particules géant, dont le budget est forcément en concurrence avec d'autres recherches. Comment trancher ? Le boson de Higgs ou l'agriculture biologique ? Jusqu'ici, les scientifiques ont revendiqué une forme d'autogestion, souvent contre la « marchandisation » ; pourtant l'argument ne suffit pas dans la mesure où aucun critère « scientifique » ne permet de

---

15 A. CHALMERS, *Qu'est-ce que la science ?*, Le Livre de Poche, Paris, 1995.

déterminer l'intérêt collectif de telle ou telle recherche : c'est une question de politique publique, donc de démocratie. Le chercheur peut apporter des faits, au titre de l'expertise, pour éclairer la décision, mais il n'a pas plus de légitimité qu'un autre citoyen pour juger de l'intérêt de la recherche pour la collectivité. Aujourd'hui les financements vont pour l'essentiel à la « *big science* », tandis que certains postes budgétaires telles les maladies orphelines, l'agriculture biologique ou encore l'écotoxicologie sont totalement négligés. Le débat scientifique est alors profondément biaisé : les recherches se concentrent sur les progrès, jamais sur les risques, elles se concentrent sur les moyens d'obtenir de la croissance, jamais sur l'équilibre écologique. Il en résulte un décalage croissant entre les questions que se posent les citoyens et les recherches produites par les scientifiques de profession, d'où diverses demandes en faveur d'une « science citoyenne » qui sont soutenues par les objecteurs de croissance.

Ce qui est présenté comme « progrès » pose bien des questions, et de plus en plus. Outre les risques écologiques, on peut s'interroger sur la compatibilité de certaines sciences ou certaines techniques avec l'exercice de la démocratie, l'exemple du nucléaire est un exemple type. Du fait de sa dangerosité intrinsèque, le nucléaire doit, de l'aveu commun, être géré selon le principe du « risque zéro ». Or l'infaillibilité, outre son caractère inhumain, signifie la mort de l'opinion, la mort de la politique au sens de l'expérimentation continue dont parlait John Dewey [16]. Ce qui fait ainsi l'objet de critiques de la part des différents mouvements de la décroissance, c'est l'empiètement des raisonnements des sciences exactes et leur hégémonie sur ce qui leur paraît relever du politique, de la démocratie, de l'histoire, de la vie. C'est pour mettre en avant cette hégémonie que certains, comme

16 J. Dewey, *Le Public et ses problèmes* [1927], Farago, Paris, 2003.

Jacques Ellul, ont avancé le terme de « technoscience », repris par d'autres [17].

Les « progrès » et « avancées » posent aussi de profondes questions sur le plan éthique, qui sont loin d'être faciles à trancher et demandent donc du temps, ne serait-ce que pour comprendre ce que ces techniques font réellement. Ainsi par exemple l'« amélioration » génétique de l'humanité, que certains de ses hérauts décrètent unilatéralement comme un « progrès » : qu'est-ce qu'un être humain qui serait « amélioré » au moyen d'une sélection des informations génétiques contenues dans l'embryon ? De tels enfants « améliorés » jugeront-ils eux aussi qu'ils ont bien été « améliorés » ou jugeront-ils avoir été victimes de manipulations hasardeuses, qui n'auront servi que l'orgueil médical ? Amélioration ou despotisme des parents et de la société sur les enfants ? Que penser du clonage humain ? Quelles que soient nos convictions, quelle que soit l'issue d'un débat collectif sur ce sujet, nous devons reconnaître que ces possibilités sont loin d'être des progrès évidents, à la différence d'autres pratiques qui font consensus, telles la chirurgie réparatrice. De plus ce sont des enjeux qui engagent la collectivité, qui posent des questions de droit et pas seulement de coût-bénéfice individuel. Il y a donc lieu d'en discuter avant de les mettre sur le marché à grands renforts de publicité.

Travail et productivité

Si le progrès moderne est orienté, c'est parce qu'il est déterminé par la nécessité de « gains de productivité ». Que doit-on entendre par là ? Pour Jacques Bidet

---

17 J.-P. Berlan, *La Guerre au vivant. OGM et mystifications scientifiques*, Agone, Marseille 2001 ; J. Testart, *Le Vélo, le mur et le citoyen. Que reste-t-il de la science ?*, Belin, Paris, 2006.

« l'outil est un "détour de production" qui génère une économie de temps [18] ». Un exemple permettra de l'illustrer et de mieux comprendre. Je peux aller de Paris à Lyon à pied et cela me prendra une dizaine de jours. Ou alors je peux aller travailler un jour pour acheter le billet de train pour aller à Lyon en deux heures, grâce à l'outil TGV. Le temps de trajet a été raccourci mais ce raccourcissement suppose qu'on ait au préalable investi du temps à première vue inutile (du point de vue du déplacement) dans la construction d'une ligne de TGV. L'activité de construction (le « détour de production ») ne me fait pas en elle-même gagner du temps, ce n'est que quand elle est achevée que je peux gagner du temps.

Pour l'objecteur de croissance, le gain de temps procuré par l'outil industriel est souvent contre-productif, de plusieurs points de vue. Il crée de l'inégalité, tout d'abord. Le TGV va plus vite que le Corail mais il coûte plus cher – l'accès sera donc rendu plus difficile pour les moins riches, qui devront travailler davantage pour se rendre de Paris à Lyon (et donc aller moins vite, comme le suggère l'analyse d'Illich exposée au chapitre 1). Le gain apparent se perd peu à peu. Redistribuer les richesses ne suffirait pas, puisqu'il faudrait construire davantage de lignes de TGV, de centrales nucléaires, etc. et donc disposer de plus de ressources économiques, de croissance, ce qui a des effets « externes » négatifs sur la démocratie et les milieux naturels, générant ainsi de l'inégalité, à nouveau. Un moyen plus égalitaire serait d'investir dans les TER, le train de proximité et de limiter les besoins de trajet entre Lyon et Paris.

L'économie a pris conscience de ces effets négatifs. Elle a baptisé « externalité négative » l'ensemble des effets occasionnés par les échanges économiques privés et dont le coût est reporté sur la collectivité. Cette définition purement analytique ne conduit à aucune solution claire pour ce qui est de

---

18 J. Bidet, *Théorie générale*, PUF, Paris, 1999, § 211.

la manière de réduire ces externalités. Elle ne conduit pas non plus à un accord politique sur leur étendue et leur gravité. Son effet le plus sûr est de retirer le problème du débat public pour le confier à des experts, sans que soit remis en cause le concept habituel de productivité et donc de progrès technique. L'économie encourage donc d'un côté ce qu'elle punit de l'autre. Pour les objecteurs de croissance, le problème n'est pas d'« internaliser les externalités » de manière technocratique, mais de mettre en cause la rationalité économique au profit d'une autre rationalité s'appuyant sur une autre conception de la nature, de la liberté et des droits. Ce ne sont plus les mêmes forces, ni les mêmes passions qui sont mobilisées.

Ce changement de logique implique, par exemple, que soit combattue la thèse selon laquelle on peut imaginer un « usage socialiste » des *mêmes* forces productives – par exemple, le nucléaire – qui serait égalitaire, écologique, contre un « usage capitaliste » des mêmes forces qui ne le serait pas. Le problème n'est pas l'usage, mais la rationalité sur laquelle il s'appuie : tant que le « gain de temps » restera au fondement, comme chez Jacques Bidet, de la définition du travail, alors la société socialiste restera, comme la société capitaliste, une société productiviste.

La divergence entre la rationalité écologique et la rationalité industrielle se révèle dans toute son évidence quand on examine les utopies respectives qu'elles portent. La rationalité industrielle atteint l'abondance par une reconfiguration totale du milieu, conçue comme étant au départ absolument pauvre, alors que l'écologie vise l'harmonie avec un milieu conçu comme relativement riche à l'origine. La rationalité industrielle doit expliquer l'existence d'une coupure radicale entre l'animal et l'humain, et entre l'humain développé et l'humain sous-développé, alors que l'écologie estime qu'il existe un continuum de l'animal à l'humain, puisque l'animal sait ne pas épuiser aveuglément son milieu – et cela avec un taux de réussite qui n'a rien à envier à celui des humains. La distinction entre « développés » et « sous-développés » laisse la place au diagnostic d'un « mal-développement » qui prend des formes très différentes selon les contextes, par exemple selon qu'on se trouve au Nord ou au Sud. On comprend mieux que la réévaluation de l'animal et des sociétés « sous-développées » se lise, du côté des partisans de la rationalité industrielle, comme un « retour en arrière ».

Pour les objecteurs de croissance, la sortie du système des besoins (ou « valeur d'usage ») préconçus par le système industriel, loin d'être vécue comme le prix à payer d'une « amélioration de l'environnement » constituerait un véritable mouvement d'émancipation. En cela ils renouent avec des traditions plus anciennes de résistance à l'entrée dans le monde merveilleux de la maîtrise technique rationnelle du monde et de la consommation de masse climatisée. C'est ainsi que les « luddites », dans les Midlands en Angleterre, entre 1811 et 1812, se mobilisèrent contre l'intrusion des machines dans le domaine du textile. Leurs motifs étaient variables et allaient du chômage provoqué par les machines à la baisse de qualité dans les produits en passant par la question de la propriété [19]. Les luddites agissaient de nuit et allaient souvent jusqu'à briser les machines à l'aide de lourds marteaux. Le gouvernement central réprima durement la révolte en envoyant jusqu'à un soldat pour trois habitants pour mater les récalcitrants. Ceux qui furent pris ne purent être confondus par des preuves irréfutables, tant ils bénéficiaient d'un soutien populaire massif. Les mouvements luddites ont été condamnés par les mouvements ouvriers (comme par les mouvements libéraux), mais leur mode d'action est réapparu dans les années 2000, lors des actions de

---

19 S. Kirkpatrick, *Rebels Against the Future. The Luddites and the War on the Industrial Revolution*, Perseus Publishing, Cambridge (MA), 1996 ; V. Bourdeau, F. Jarrige et J. Vincent, *Les Luddites*, Ére, Paris, 2006.

fauchage d'OGM [20]. On oublie souvent que ces mouvements contestataires ne sont nullement dépourvus de techniques. Ils ne condamnent même pas la technique en soi, mais ils ne l'acceptent que si elle garantit leur autonomie, en accord avec l'idée qu'ils se font de la vie de leur communauté.

---

20 B. Chevassus-au-Louis, *Les Briseurs de machines : De Ned Ludd à José Bové*, Seuil, Paris, 2006.

5

La décroissance est-elle malthusienne ?

OÙ IL EST MONTRÉ QUE, CONTRAIREMENT AUX APPARENCES, LE SINISTRE PASTEUR MALTHUS N'EST DÉCIDÉMENT PAS LA TASSE DE THÉ DES OBJECTEURS DE CROISSANCE

Cette question fait suite à la précédente car le progrès technique est généralement présenté à gauche et à droite comme ce qui nous permettra de poursuivre la croissance indéfiniment. Nier ou même simplement douter de l'arrivée providentielle de cette technique salvatrice, c'est aussitôt encourir l'accusation de « malthusianisme ».

Pour l'essentiel, ce terme désigne les doctrines prônant soit la restriction volontaire des naissances (malthusianisme démographique), soit, par extension, celle de la production (malthusianisme économique), voire toutes les politiques à caractère restrictif. Le « malthusianisme » doit son origine au pasteur Thomas Malthus (1766-1834) pour qui guerre, maladie et famine constituaient des solutions à la raréfaction croissante des ressources. Diable ! Les objecteurs de croissance sont-ils des affameurs ?

La question démographique

Cette question est généralement abordée uniquement sous l'angle de la dénonciation : parler de population, ce serait déjà vouloir exterminer les pauvres. Les preux dénonciateurs du malthusianisme en seront pour leurs frais : les objecteurs de croissance ne parlent guère de population et concentrent leurs critiques sur la consommation de ressources. Pour reprendre un mot du journal *La Décroissance*, ce ne sont pas les humains qui sont trop nombreux, mais les automobiles...

Le thème n'est pas absent pour autant, mais en la matière les débats sont vifs. Ainsi, à la proposition de « grève du troisième ventre », formulée par Yves Cochet qui entendait par là dissuader financièrement les familles d'avoir plus de deux enfants, le journal *La Décroissance* répondit, à juste titre, que le véritable enjeu était la consommation totale de chaque enfant. Cependant, l'argumentation d'Yves Cochet mérite qu'on s'y attarde : « Dans un pays occidental, un humain supplémentaire génère le même impact écologique que 12 Burkinabés ou 620 allers-retours Paris-New York [1]... » Son idée est d'inverser le discours malthusien classique, qui attribue aux pauvres du monde entier la responsabilité de la dégradation de l'environnement, à commencer par la destruction des forêts tropicales. Il ne défend pas une « politique de l'enfant unique » comme en Chine mais un arrêt de la politique nataliste française – car la France est un pays nataliste [2], et depuis longtemps, comme le confirme le démographe Hervé Le Bras, un scientifique peu susceptible de complaisance envers l'écologie politique [3]. À la critique selon laquelle l'arrêt des allocations familiales pour le troisième enfant toucherait en premier lieu les ménages modestes, Y. Cochet a répondu que cette allocation était actuellement attribuée sans conditions de ressources et qu'il fallait au contraire au plus vite l'indexer

1 P. Piro, « Limiter les naissances ? Yves Cochet s'explique », *Politis*, 11 juin 2009.

2 Parce que le montant des subventions va croissant avec le nombre d'enfants par ménage et que les femmes « méritantes » se voient attribuer des médailles.

3 *Politis*, n° 1056, 11 juin 2009.

sur le revenu réel. La mesure semble donc plutôt viser en premier lieu les riches ménages qui demandent des logements sociaux de 600 m^2 en plein Paris au motif du nombre de leurs enfants. Inspiré, le Conseil national des Verts a demandé « que toutes les mesures discriminatoires en faveur des familles nombreuses soient abrogées, et que toutes les aides aux familles soient rendues proportionnelles au nombre de leurs enfants (fiscalité, allocations, primes, etc.). Ces abrogations ne sauraient avoir d'effet rétroactif, ni réduire le volume global des aides aux familles. Elles n'exonèrent nullement du devoir d'effectuer par ailleurs un meilleur ciblage de ces aides sur les familles qui en ont le plus besoin [4] ».

Ces controverses autour de la question de la démographie ne doivent pas faire oublier l'histoire et les tendances longues. La très grande insouciance dont les Européens ont pu faire preuve en matière de démographie s'est surtout nourrie de l'oppression. La conquête de l'Amérique et la colonisation ont permis de trouver de nouveaux territoires pour implanter la population européenne croissante, ce qui a joué un rôle non négligeable dans l'infirmation des pronostics de Malthus. Cette expansion a permis de préserver l'environnement européen tout en accroissant le niveau de vie.

La situation est totalement différente pour des pays comme la Chine et l'Inde qui n'ont pas eu d'Amérique à conquérir. Pour ces deux grands pays, l'accroissement démographique est un problème qui a dû être géré dans les limites étroites de leur territoire. De fait, il a absorbé une bonne partie des progrès du PIB par tête (le PIB progresse mais la population aussi donc le PIB par tête progresse peu). Plus généralement, aucune société humaine ne se laisse aller à une prolifération anarchique de sa population. L'enjeu est que cette régulation soit égalitaire et démocratique plutôt que violente et inhumaine, à travers la maladie et la famine, comme

4 Motion « Sortir de la politique nataliste », Les Verts.

le souhaitait Malthus. La question de la population importe donc, mais faire de la population la cause unique des problèmes est profondément réactionnaire, c'est éviter de poser la question du partage, c'est faire comme si les « parts » étaient inscrites dans un ordre naturel. P. Ariès et V. Cheynet dénoncent avec force les propos misanthropes, notamment ceux de William Stanton, auteur de *The Rapid Growth of Human Population 1750-2000* [5] et membre de l'Association pour l'étude du pic de pétrole (ASPO), principalement composée de retraités de l'industrie pétrolière, qui appelle à fermer les frontières, à limiter les naissances à un enfant par femme. Aucun des tenants de la décroissance ne soutient une telle position ni ne s'enthousiasme pour la politique chinoise de l'enfant unique.

Il n'y a pas de solution simple en matière de démographie, mais certains facteurs de transition démographique sont connus : émancipation des femmes, alphabétisation, démocratie, etc. L'exemple du Kerala en Inde montre qu'une transition très rapide est possible même dans un contexte de PIB très faible, il n'y a donc aucune raison d'« attendre » la progression du PIB par tête au-delà de 10 ou 20 000 dollars par habitant pour stabiliser la population. On remarque aussi que dans toutes les sociétés « stabilisées », c'est-à-dire capables d'une certaine autorégulation politique, non seulement la population est stable mais les couples choisissent en moyenne d'avoir deux enfants, se laissant ainsi de la marge pour leurs propres activités.

Il faut aussi remarquer à quelles extraordinaires inconséquences sont contraintes les positions qui renvoient entièrement la question démographique au domaine de la vie privée. Ce sont généralement les mêmes qui ont foi dans la croissance illimitée. Le démographe Hervé Le Bras, par exemple,

---

5 W. Stanton, *The Rapid Growth of Human Population 1750-2000*, Multi-Science Publishing Co. Ltd, 2004.

estime que les changements climatiques ne sont pas un problème car la population s'adaptera en migrant, comme elle l'a toujours fait [6]. Parle-t-il de la capacité de la population européenne à envahir le territoire des autres, à nouveau ? Soutient-il une politique d'abolition des contrôles aux frontières en ce qui concerne l'accès à l'Europe ? Le démographe ne se risque pas à entrer dans ce genre de « détail ». On imagine mal l'Inde ou la Chine accueillir sereinement plusieurs dizaines de millions de réfugiés en provenance du Bangladesh. On imagine mal l'Europe abolir la convention de Schengen pour les recevoir, surtout quand on sait que ce sont déjà les pays pauvres qui accueillent le plus de réfugiés [7]. Ignorer les enjeux géopolitiques permet de résoudre très simplement le problème...

Un autre argument est économique : plus de bras, c'est plus de richesses produites. Le problème est que ces analyses font souvent fi de toute prise en compte sérieuse des conséquences de cette politique sur la vie des populations pauvres. Historiquement, la croissance démographique a rarement bénéficié à ces dernières. La décroissance pose ainsi clairement la question du partage des richesses ici et maintenant, et pas seulement des richesses supplémentaires à venir. Et ce partage dépend aussi du nombre de personnes en présence.

Il est intéressant de se souvenir que le souci de limiter la population ne fut pas seulement le fait d'une pensée réactionnaire. Au tout début du XXe siècle est apparu un mouvement d'émancipation social qui se définissait explicitement comme « néomalthusien ». À l'inverse de Malthus, qui pensait qu'améliorer la condition du peuple ne créerait qu'une

---

6 H. Le Bras, *Les Limites de la planète. Mythe de la nature et de la population*, Flammarion, Paris, 1996.

7 « Presque 75 % des 9,2 millions de réfugiés dans le monde se trouvent dans des pays en développement », Commission mondiale sur les migrations internationales, *Les Migrations dans un monde interconnecté : nouvelles perspectives d'action*, p. 45.

croissance de sa population, dégradant les ressources, ce mouvement estimait que la croissance de la population était la conséquence directe du manque de pouvoir des femmes sur leur corps et leur vie. La diminution des naissances était jugée favorable à une émancipation des femmes, qui échappaient à leur destin de simples génitrices, à une réduction des difficultés matérielles et des pressions sur l'environnement. Ce « néomalthusianisme de la base[8] », qui se développa en Europe et aux Amériques au début du XXe siècle, fut souvent persécuté, parfois aux prises avec des mouvements pronatalistes conservateurs, mais il parvint à créer un large mouvement d'opinion. En France, c'est Paul Robin, membre de la Ire Internationale, qui initia la réflexion dans son livre *La Question sexuelle ou le secret du bonheur*[9]. Comme l'indique le titre, loin des restrictions morales prônées par Malthus, Robin soutenait la réduction consciente et volontaire des taux de fertilité par l'éducation sexuelle, la contraception et la libération des femmes, y ajoutant une réappropriation du travail, un refus du militarisme et des migrations forcées.

« La grève des ventres », à laquelle Yves Cochet se réfère, est un mouvement d'inspiration anarchiste qui suscita l'opposition scandalisée non seulement de l'Église catholique, mais aussi des capitalistes – qui voulaient plus de travailleurs – et de l'État – qui voulait plus de soldats pour lutter contre les Allemands et pour ses guerres coloniales. Une réunion du mouvement international eut lieu à Paris en 1900, fondant la Fédération néomalthusienne internationale, à laquelle participèrent la militante américaine Emma Goldman et de nombreux activistes influents. En 1920, l'État français en vint à interdire la propagande néomalthusienne.

---

8 J. Martinez-Alier, *The Environmentalism of the Poor. A Study of Ecological Conflits and Valuation*, Edward Elgar, Cheltenham (UK), 2002.

9 P. Robin, *La Question sexuelle ou le secret du bonheur*, 1878.

Puis ce fut le tour de Pétain, de Franco ou de Mussolini d'imposer leurs vues ultra-natalistes.

Le dernier argument du néomalthusianisme contre Malthus est d'ordre politique. En effet, pour Malthus, les pauvres mouraient en masse de faim et de maladie parce qu'ils étaient incapables de se prendre en main. Une telle position de la part d'un pasteur ne manquait pas d'aplomb quand on connaît les prescriptions natalistes de l'Église... Le néomalthusianisme de la base, tout comme le Mouvement pour le Planning familial furent des mouvements revendiquant l'auto-organisation et l'émancipation des êtres humains par rapport à la tutelle morale de la religion. Dès lors le contrôle démographique n'est pas perçu comme une « contrainte » mais une libération.

Malthusianisme économique

Sur le sujet du « malthusianisme économique », c'est-à-dire la nécessité de restreindre les volumes produits, la position de la vulgate de l'économie néoclassique est pour l'essentiel contenue dans l'article fondateur que Robert Solow, prix Nobel d'économie, a écrit en 1974 [10] à la suite de la publication du rapport du Club de Rome.

Pour R. Solow, la question des limites à l'exploitation des ressources naturelles ne se pose tout simplement pas. Quand une ressource se fait plus rare, son prix augmente, ce qui tend à freiner la consommation de ladite ressource et favorise la rentabilité de dépenses d'investissement afin de découvrir des moyens techniques qui permettront de substituer à la ressource en raréfaction une nouvelle ressource abondante. Grâce à la technique et à la division marchande du travail,

---

10 R. M. Solow, « The economics of resources or the resources of economics », *The American Economic Review*, vol. LXIV, n° 2, Nashville, 1974, p. 10.

les ressources naturelles sont donc substituables entre elles : quand le pétrole s'épuise, le charbon prend le relais, les techniques efficaces se développent, et ainsi de suite dans tous les domaines. R. Solow et d'autres appuient leur thèse sur des mesures économétriques réalisées aux États-Unis entre 1890 et 1960 [11].

Dès lors, la croissance de la production et des revenus est sans limite. Puisque les générations à venir seront plus riches, elles auront à leur disposition davantage de moyens techniques pour lutter contre les pollutions et la raréfaction des ressources. La détérioration de certains éléments de l'environnement est un prix à payer pour s'industrialiser et connaître ensuite une amélioration des conditions de vie. R. Solow estime que nous ne serions amenés à ne conserver que les sites naturels remarquables sur le plan esthétique, tels que le Yosemite Park. La technique suivra toujours, et trouvera toujours des solutions.

Redescendant quelque peu sur terre, l'« économie écologique », déjà évoquée, soutient au contraire qu'il existe un « capital naturel » « critique » ou doté d'une valeur intrinsèque qu'on ne doit pas consommer entièrement mais au contraire entretenir, car on ne pourra pas le remplacer. Cette position de la « durabilité forte », qui doute dans nos capacités techniques à toujours relever le défi de la rareté et de la pollution est, dans l'imaginaire des économistes proches de R. Solow (qui constituent de très loin la majorité de la profession), qualifiée de « malthusienne ». Ce qui est critiqué, chez Malthus, ce n'est pas sa mise en garde contre un excès de population, mais le fait qu'il ait largement sous-estimé les capacités de l'innovation technique à augmenter les rendements. Malthus avait en effet estimé que l'innovation technique occasionnerait une augmentation des rendements à un rythme arithmétique (1, 2, 3, etc.) tandis que la population

11 Voir F.-D. Vivien, *Le Développement soutenable*, La Découverte, Paris, 2005, p. 37.

croîtrait à un rythme géométrique (1, 2, 4, 8, etc.), annihilant ainsi les gains par tête [12]. Malthus s'est lourdement trompé sur les capacités humaines d'autorégulation de la population. Il s'est trompé aussi en ce qui concerne les rendements croissants, mais pas dans le sens que croient les économistes tels que R. Solow.

Ce que R. Solow montre, au travers de ses séries, est que l'innovation technique a toujours déjoué les prédictions les plus sombres. Le problème, aujourd'hui, est que ces séries *passées* ne nous disent rien de l'avenir, sauf à *croire* que l'avenir sera identique au passé. Aujourd'hui, des centaines de millions de gens meurent de faim dans le monde malgré l'existence de techniques sophistiquées. La catastrophe n'est donc pas à venir, elle est déjà là.

Une anticipation fondée en matière de rendements à venir exige de revenir à l'état réel des débats en matière de science et de technique, et montrer que tout le monde ne s'enrichit pas, que les « jeux » ne sont pas « à somme positive » comme disent les économistes, et qu'il ne s'ensuit pas pour autant que les pauvres doivent mourir de faim, comme le suggérait le pasteur Malthus. Articuler ces différents moments du raisonnement est l'un des combats quotidiens des objecteurs de croissance, et en cela ils ne diffèrent en rien des partisans de l'économie écologique. Ce qu'ils ajoutent est que cet accroissement de richesse, s'il était possible, ne serait en rien émancipateur.

En effet de nombreux objecteurs de croissance ne s'appuient pas en premier lieu sur l'argument (négatif) que la croissance économique ne *peut pas* être illimitée mais sur l'argument (positif) selon lequel la croissance économique ici et maintenant ne crée plus de progrès, ce qui est différent. L'argument de l'impossibilité n'a qu'un rôle pédagogique : celui de forcer à regarder ailleurs.

---

12 T. Malthus, *Essai sur le principe de population* [1798], Flammarion, 1999.

L'impossible croissance verte

Pour surmonter le problème des ressources naturelles limitées, les opposants à la décroissance ont souvent mis en avant la possibilité d'un découplage entre la croissance « physique » (prélèvements et rejets de matières nécessaires à l'activité économique) et la croissance « économique » (croissance de la valeur monétaire des biens et services produits et consommés). Pour le dire vite, il serait possible sous certaines conditions d'avoir « plus » en prélevant et polluant « moins », par exemple en mobilisant le « savoir », ainsi que le suggèrent J.-P. Fitoussi et E. Laurent [13] La décroissance ne serait dès lors d'aucune pertinence.

Un tel découplage, qui aurait pour origine le progrès technique, ne semble pas sans assise solide. À titre d'exemple, l'industrie automobile vante régulièrement la chute très importante, et avérée, de la consommation d'essence de ses modèles récents par rapport aux modèles fabriqués vingt ou trente ans auparavant. Les voitures neuves sont incontestablement plus efficaces, elles consomment et polluent moins pour chaque kilomètre parcouru. La généralisation d'un tel raisonnement conduit à la position suivante : si un peu de croissance « pollue » (du fait du passage obligé au stade industriel), beaucoup de croissance réduit la pollution grâce au basculement des économies dans l'ère « postindustrielle » et de l'efficacité énergétique.

Une telle idée peut être illustrée par la célèbre « courbe en cloche » attribuée à l'économiste Simon Kuznets, selon laquelle une fois franchi un certain seuil de développement économique, les impacts écologiques seraient déconnectés de la croissance du PIB (*cf.* figure 1). Si on va jusqu'au bout du raisonnement, lorsque tous les peuples du monde auront

---

13 J.-P. Fitoussi et E. Laurent, *La Nouvelle Écologie politique*, *op. cit.*

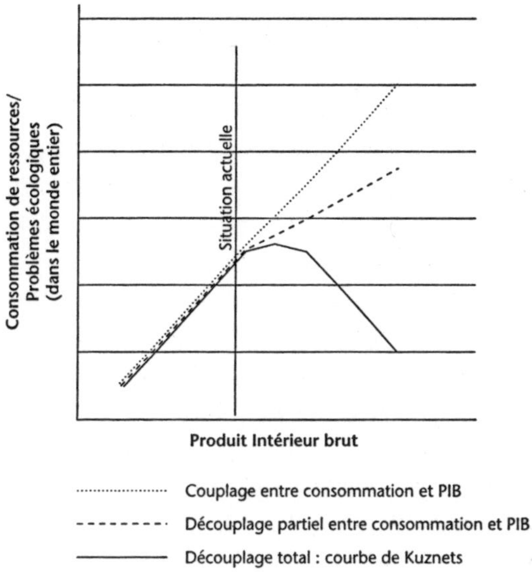

Figure 1 *Relation PIB-consommation de ressources naturelles*

franchi les différentes étapes du développement, l'ensemble du PIB mondial ne sera plus composé que d'activités de services ou d'activités industrielles (dont l'agro-industrie) « propres », grâce à la croissance continue de l'efficacité économique. Une telle position a été défendue, certes de façon nuancée, par la Banque mondiale dans un rapport de 1992, reprenant des travaux scientifiques montrant la présence d'une « courbe en cloche » pour quelques polluants locaux (soufre, dioxyde de carbone). Elle a autorisé une offensive en règle contre la critique écologique avec le slogan suivant : « La croissance n'est pas le problème, c'est la solution. »

Il existe plusieurs objections sérieuses à cette thèse. Tout d'abord, la « dématérialisation » annoncée des pays industrialisés n'a pas eu lieu, du moins si l'on s'intéresse à l'impact écologique de ces pays sur le monde, et pas seulement dans les étroites limites de leurs frontières. De très nombreux travaux ont démenti la véracité des « courbes en cloche [14] ». Dans le monde entier, la consommation finale d'énergie s'est accrue de plus de 65 % entre 1973 et 2000. L'étude MOSUS [15] qui comptabilise les extractions matérielles de ressources naturelles année après année en Europe et dans le monde prévoit, sauf dépression économique majeure, une augmentation de 30 % de l'extraction de matières d'ici à 2020 : 80 milliards de tonnes de matières seraient alors extraites et utilisées, de manière bien inéquitable. Pour l'Europe, le scénario le plus favorable – développement important des technologies les plus efficaces et de la société de service – n'amène, *in fine*, qu'une décroissance de 5 % de l'extraction de matières à horizon 2020 et de 12 % des émissions de CO_2 – et cela, sans prendre en compte les flux aux frontières (importations et exportations).

On l'aura compris, aucune « économie dématérialisée » n'est en vue malgré les progrès techniques à foison... Au contraire, certaines courbes comme le CO_2 et la consommation de ressources suivent bien l'évolution du PIB. Un rapport du Sustainable Europe Research Institute (SERI) confirme qu'en dépit du fait qu'en trente ans la quantité de ressources naturelles nécessaire à l'augmentation d'un point du PIB mondial ait diminué de 30 %, la ponction totale opérée n'a été en rien ralentie, dopée au contraire par la consommation mondiale [16]. Dans ces conditions, peut-on encore se contenter d'*espérer* l'arrivée quasi miraculeuse, désormais, d'une « technologie de rupture », comme le disait l'économiste

---

14 B. Zuindeau, *La « Loi de Kuznets » : de l'économie de la répartition à l'économie de l'environnement*, Colloque international Association Charles-Gide pour l'étude de la pensée économique, 2005 ; F. Schneider, « L'effet rebond », *L'Écologiste*, vol. 4, n° 3, 2003.

15 MOSUS, « Policy Recommendations », décembre 2005, *www.mosus.net*

16 Sustainable Europe Research Institute/Friends of the Earth Europe, *Overconsumption ? Our Use of the World's Natural Resources*, 2009.

nord-américain William Nordhaus dans les années 1970 [17] ? Est-il bien *raisonnable* de s'en remettre ainsi à une sorte de *deus ex machina* qui viendrait inverser la tendance empiriquement observable, sans remettre en cause les modes de vie ?

La notion d'« effet rebond » permet de présenter simplement les raisons de l'impossible « déconnexion » tant espérée. L'« effet rebond » décrit l'augmentation de la consommation d'énergie (ou de ressources) générée par la réduction des obstacles à l'utilisation d'une technique donnée. Si cette notion suscite aujourd'hui de plus en plus de débats et travaux au sein des sciences environnementales et d'écologie industrielle, l'idée est ancienne. Au XIXe siècle, l'économiste William Jevons avait déjà remarqué que les améliorations techniques dans l'extraction et l'utilisation du charbon n'amenaient pas systématiquement une baisse des quantités extraites. Alors que les machines à vapeur ont vu leur efficacité augmenter d'un facteur 50 environ entre le début du XVIIIe siècle et 1900, l'extraction de charbon, bien loin de diminuer, a été multipliée par 2 000 (!) au cours de la même période – et avec elle les émissions polluantes de sa combustion [18].

En effet, l'amélioration de l'efficacité d'une technique réduit les coûts unitaires de production, ce qui favorisera la consommation du bien ou du service. D'un point de vue économique, la croissance de l'efficacité énergétique se traduit par une réduction des besoins en travail et en capital nécessaires à l'extraction et la transformation de la matière en énergie. Il y a donc localement décroissance physique (moins d'énergie consommée pour le même usage) et décroissance de valeur économique (c'est moins cher). Cette dernière va

---

17 W. Nordhaus et J. Tobin, « Is growth obsolete ? », *in Economic Growth, Fiftieth Anniversary Colloquium, National Bureau of Economic Research*, Columbia University Press, New York, 1972.

18 P. A. Victor, *Managing Without Growth*, Edward Elgar Publishing, Northampton, 2008.

autoriser la croissance de la consommation de la même marchandise (usages plus nombreux) ou d'une autre (« déplacement » de l'usage).

La littérature scientifique identifie en effet plusieurs catégories de « rebonds » :

– un effet rebond « direct » où le gain d'efficacité est utilisé pour consommer le même type de produit : une voiture qui consomme moins d'essence permet de rouler plus longtemps et plus loin pour le même coût ;

– un effet rebond « secondaire » où le gain d'efficacité autorise la consommation de produits différents : les économies d'essence réalisées sur les trajets quotidiens permettent d'acheter un billet d'avion pour une destination lointaine ;

– l'effet rebond peut avoir un effet sur l'économie globale, voire des effets structurels de transformation : le développement de la voiture favorise les supermarchés face aux petits commerces, modifie l'urbanisme, le système des besoins [19]...

Dans un environnement peu propice à la croissance économique, où les besoins matériels sont limités, l'« effet rebond » suite à une amélioration technique n'aura pas lieu car la population réduira en conséquence ses activités de travail. C'est ainsi qu'ont réagi historiquement les peuples en de nombreuses situations, comme les classes ouvrières occidentales, pour ne rien dire des peuples colonisés, comme le déplorait joliment un patron de manufacture du XVIIIe siècle : « C'est un fait bien connu que l'ouvrier qui peut subvenir à ses besoins en travaillant trois jours sur sept sera oisif et ivre le reste de la semaine [20]. » Mais, lorsque la croissance

---

19 L.A. Greening *et al.*, « Energy efficiency and consumption. The rebound effect. A survey », *Energy Policy*, vol. 28, n° 6/7, 2000, p. 389-401.

20 Cité *in* S. A. Marglin, « What do bosses do ? The origins and functions of hierarchy in capitalist production », *Review of Radical Political Economics*, vol. 6, n° 2, 1974, p. 60-112.

économique constitue l'idéologie dominante d'une société, l'effet rebond l'emporte [21] – avec ses conséquences irrémédiablement inégalitaires, car ce que les uns s'approprient est soustrait à la disposition des autres. Au bout du compte, les améliorations techniques auront conduit à la fois à une plus grande efficacité énergétique *et* à une croissance de la consommation d'énergie (et des rejets polluants qui l'accompagnent).

Dans une économie où la croissance et l'accumulation de valeur monétaire sont des objectifs intangibles, ce qui se traduit d'une façon plus générale comme une capacité à produire et consommer plus [22], il n'est donc pas possible de compter sur le progrès technique pour garantir à la fois la démocratie, une préservation de la nature et une hausse continue du revenu moyen par tête.

Le détail de l'explication demanderait un exposé circonstancié sur l'état des choix techniques dans les différents secteurs de la société, impossible à faire dans le cadre de ce livre. Chaque domaine détermine ses expertises et ses stratégies de substitution dans l'ignorance de ce que font les autres, ce qui laisse entrevoir, quand on les croise, des tensions prévisibles sur certaines ressources clés, qui existent en quantité limitée. Il est possible d'en passer en revue quelques-uns.

Dans le domaine de l'énergie, tout d'abord, on l'a vu, les possibilités de substitution à l'énergie fossile sont contrariées par les difficultés de stockage, de déplacement et de conversion que rencontrent toutes les autres formes d'énergie connues à ce jour, rendant hypothétiques de nouveaux progrès dans la productivité – et ce, même en acceptant un accroissement considérable dans l'échelle des risques

21 F. SCHNEIDER, « Macroscopic rebound effects as argument for economic degrowth », *in* F. FLIPO et F. SCHNEIDER (dir.), *Proceedings of the First Degrowth Conference for Ecological Sustainability and Social Equity*, *op. cit.*

22 *Ibid.*

technologiques et des déchets ultimes, par exemple par le recours au nucléaire [23].

Dans le domaine des matériaux, outre les limites au recyclage, les pertes et les limites à la substitution sont bien réelles – voir par exemple la très grande difficulté à trouver un remplaçant au platine qui sert de catalyseur dans les piles à combustible, ce qui hypothèque les alternatives aux hydrocarbures dans le domaine du transport individuel [24].

Dans le domaine de l'agriculture et des ressources renouvelables, la multifonctionnalité des écosystèmes implique l'interdépendance des régulations ou, pour le dire autrement, l'accroissement du recours à un service écologique implique de plus en plus l'appauvrissement ou l'affaiblissement d'un autre. Il est désormais reconnu qu'une agriculture plus écologique sera très différente de l'agriculture actuelle [25], qu'il n'y a pas de moyen terme possible. Les semences, les grandes surfaces, le recours massif aux intrants chimiques et aux pesticides forment un tout cohérent et mortifère et on ne peut réduire les effets négatifs de manière significative sans provoquer de changement dans les modes de culture. La démonstration pourrait aussi être faite au sujet du commerce : dans ses grandes lignes, le système local, fondé sur la petite distribution, est largement moins consommateur en ressources

23 T. Salomon, C. Couturier, M. Jedliczka, T. Letz et B. Lebot, « A megawatt scenario for 2005-2050 », ECEEE Summer Study, 2005 ; C. De Boissieu (dir.), « Division par quatre des émissions de gaz à effet de serre de la France d'ici à l'horizon 2050 », ministère de l'Écologie et du Développement durable, ministère de l'Économie des Finances et de l'Industrie, 2006 ; J.-M. Jancovici et A. Grandjean, *Le Plein s'il vous plaît*, *op. cit.*

24 Voir notamment C. Hocquard, « Les enjeux des nouveaux matériaux métalliques », *Géosciences*, n° 1, janvier 2005, p. 6-11 ; J. Varet, « Les ressources minérales », *CAS France 2025*, présentation du 19 juin 2008.

25 J.N. Aubertot *et al.* (dir.), *Pesticides, agriculture et environnement : réduire l'utilisation des pesticides et limiter leurs impacts environnementaux*, synthèse du rapport d'expertise, 2005.

que l'empire des grandes surfaces[26]. On rejoint finalement la conclusion d'E. F. Schumacher pour qui notre économie est la moins efficace que l'histoire ait jamais connue[27]

Une connaissance précise des débats dans le domaine des choix technologiques – qu'il importerait de vulgariser sérieusement afin d'éviter que le journal télévisé ne se charge seul de l'« information » – montre que le monde physique ne se plie pas aux désirs les plus fous de certains êtres humains. L'examen approfondi de ces débats prétendument neutres politiquement sur « la » technique montre surtout que les plus riches cherchent à le rester, font croire aux pauvres qu'ils peuvent eux aussi devenir riches sans changer l'ordre existant, uniquement à force d'efforts, faisant partie de la panoplie des arguments qui maintiennent l'illusion d'une méritocratie. Si les pauvres sont pauvres, c'est parce qu'ils ne seraient pas assez innovants, pas assez entreprenants ! L'idéologie de la croissance permet surtout de faire patienter les peuples en leur laissant croire qu'ils seront eux aussi riches, un jour, demain ou dans mille ans, lorsque la division technique et marchande du travail aura ouvert toutes grandes les portes de l'abondance universelle.

---

26 Voir les chiffres cités *in* F. Flipo, « Économisme et rationalité écologique », *Revue du M.A.U.S.S. permanente*, 23 avril 2008 [en ligne]. <http://www.journaldu-mauss.net>.

27 E. F. Schumacher, *Small is beautiful. Une société à la mesure de l'homme* [1973], Seuil, Paris, 1978, p. 153.

6

La décroissance, privation ou joie de vivre ?

OÙ L'ON SE DEMANDE SÉRIEUSEMENT SI LES HABITANTS DES ÉTATS-UNIS SONT VRAIMENT PLUS HEUREUX QUE CEUX DU BHOUTAN

Pour ses contempteurs, la décroissance n'est qu'une idéologie morbide du rationnement et de la privation opposée à la libéralité de la vie. À l'heure de la montée des revendications en termes de « pouvoir d'achat », une proposition telle que la décroissance semble même inutilement provocatrice. Une telle sobriété provoquerait-elle inévitablement souffrances, aigreurs, ressentiments, voire davantage encore d'exclusion sociale ? Ou créerait-elle les conditions d'une vie plus belle et plus épanouissante, bref plus joyeuse – la « joie de vivre » revendiquée par certains ?

Avant d'entrer dans le débat il faut en premier lieu rappeler que le bonheur n'est pas toujours la première motivation des objecteurs de croissance. Pour une bonne partie d'entre eux, c'est la revendication de justice, d'égalité qui est première, et non celle, utilitariste, voire égoïste, du plaisir ou du bonheur. Pour eux l'enjeu se pose en termes de droits et d'autonomie. Il semble qu'un tel discours soit devenu difficile à entendre, le consumérisme et l'utilitarisme ont gagné les sphères de la pensée politique et tout devrait maintenant se ramener à des questions d'« offre politique » venant

« satisfaire les désirs » de la « demande ». Cependant, l'objection de croissance se refuse à une telle dégradation du politique.

La critique du « bonheur conforme »

S'inscrivant une nouvelle fois dans le sillage des années 1970, la décroissance se distingue par sa dénonciation du « bonheur conforme ». Elle rejoint l'une des caractéristiques les plus remarquables des critiques de la technique et de la marchandise de cette période, à savoir leur caractère souvent joyeusement frondeur qui mettait au jour le caractère absurde du monde de l'*Homo modernicus*. Il en était ainsi lorsque Jean-Pierre Dupuy et le collectif ADRET démontraient que la voiture n'allait guère plus vite que le vélo (*cf.* chapitre 1) [1]. C'était également l'époque où paraissait le journal *La Gueule ouverte*, les dessins de Reiser, l'*An 01* de Gébé qui, sous le slogan : « On arrête tout, on réfléchit », raconte comment, à un moment donné sous l'impulsion de quelques jeunes qui ont osé, la société industrielle tout entière a choisi de jeter les clés par les fenêtres, de limiter ses besoins au strict nécessaire et, de ce fait, de réduire massivement le temps de travail.

La décennie 1980, le consumérisme, le recyclage de la « critique artiste » dans le « nouvel esprit » du capitalisme auront la peau de cette contestation festive et des propositions alternatives. Les mêmes auteurs, trente ans plus tard, nous invitent en effet soit à penser à « l'ombre de la

---

1 J.-P. Dupuy, *Les Trahisons de l'opulence*, Seuil, Paris, 1974 ; Adret (coll.), *Travailler deux heures par jour*, Seuil, Paris, 1977.

catastrophe présente[2] », soit à admettre qu'il n'y a pas de meilleur système que le capitalisme[3].

À l'opposé du bonheur par le « toujours plus », la décroissance n'invite pas au « toujours moins » (elle est un mot de transition qui bannit de son vocabulaire l'adverbe « toujours »), mais à l'authentiquement mieux – le « mieux » ne se réduit pas au plaisir ou au bonheur, mais inclut la revendication d'autonomie et d'égalité. Nous retrouvons la critique du progrès. L'argument clé des objecteurs de croissance est que nous sommes largement dépossédés de nos désirs, de nos besoins, ainsi que de la manière de les satisfaire. Ce qui s'impose comme la réponse à nos questions concernant le bien-être, le bonheur et l'émancipation, ce n'est plus la réponse de nos concitoyens mais la propagande publicitaire qui détourne et réduit toutes les demandes à la consommation de marchandises fabriquées en grande série, détériorant la qualité de l'espace public, le réduisant à une sorte de parc d'attractions permanent. Les filiations sont claires : V. Cheynet et B. Clémentin sont aussi les fondateurs de *Casseurs de Pub* ; P. Ariès s'est illustré par ses travaux sur l'impact des marques[4] ; les mouvements qui se reconnaissent spontanément dans la décroissance sont aussi ceux qui sont le plus critiques à l'endroit du consumérisme et de ses effets délétères sur la civilité.

La critique traditionnelle sous-estime la publicité en tant que facteur d'hétéronomie et d'inégalité. Elle la considère comme un support d'information neutre. Après tout, nous sommes libres d'accepter ou pas ce que la publicité nous offre. Or ce discours est triplement fallacieux. Il est fallacieux parce que les moyens de manipulation de la publicité sont bien réels, comme en témoigne le profond attachement de

---

2 J.-P. Dupuy, *Pour un catastrophisme éclairé*, Seuil, Paris, 2002.

3 J. Séguéla face à X. Renou, *France Info*, le 18 décembre 2008.

4 P. Ariès, *Putain de ta marque !*, *op. cit.*

nombreuses personnes (et pas uniquement les jeunes de banlieue) à leur « marque », qui nous renvoie en miroir ce qu'ils considèrent être le moteur dominant de l'inclusion sociale aujourd'hui ; il est fallacieux parce que les « macrosystèmes techniques », comme la publicité, les réseaux, déjà évoqués, se mettent en place sans évaluation collective de leurs effets, et elles le font en tuant les alternatives ; et il est fallacieux parce que, comme le suggérait A. de Tocqueville, la dégradation des passions civiles fait le lit d'un despotisme « doux » qui, pour n'être pas toujours violent, n'en dégrade pas moins la liberté et la dignité humaines. Dans *De la démocratie en Amérique*, A. de Tocqueville consacre un chapitre entier à une critique en règle de cette sorte d'individualisme qui conduit les peuples démocratiques à se désintéresser des affaires publiques au profit de passions matérielles [5], ne demandant plus au gouvernement que de s'occuper de la paix publique [6].

L'emprise publicitaire a été largement analysée par P. Ariès et F. Brune [7], qui montrent que le but de l'idéologie publicitaire est de nous rendre malheureux, afin de provoquer l'acte d'achat – un être humain heureux n'est pas un bon acheteur ! Des centaines de milliards sont prélevés sur le prix des produits que nous achetons afin d'alimenter cette énorme industrie du malheur qu'est la publicité. Elle s'insère dans les relations humaines, donnant à penser à l'individu isolé et en quête de bonheur que « les autres », ceux qui l'entourent, sont en compétition avec lui, ont trouvé un moyen d'être heureux, et que cela passe par l'achat de telle paire de chaussures ou de tel ou tel voyage. La publicité flatte l'individu, elle lui fait croire que lui seul a compris, que des produits – standardisés – ont été pensés et réalisés pour lui et lui seul. Si l'illusion

---

5 A. de Tocqueville, *De la démocratie en Amérique* [1840], Paris, Flammarion, 1981, t. II, Deuxième Partie, chapitre II. Voir aussi p. 359.

6 *Ibid.*, p. 175.

7 F. Brune, *Le Bonheur conforme – essai sur la normalisation publicitaire*, Gallimard, Paris, 1985 ; *Les Médias pensent comme moi !*, L'Harmattan, Paris, 1997.

peut jouer, c'est peut-être parce que nous ne nous comparons qu'à nos connaissances. Des études montrent que notre réseau social ne s'étend pas au-delà de plus de 150 personnes [8] – quand on sait qu'il existe environ 200 déclinaisons d'un même produit, il y a donc peu de chances qu'une personne de notre entourage possède le même modèle que nous, chacun cherchant à se distinguer des autres. D'une certaine manière la fameuse thèse du sociologue américain Mark Granovetter sur la « force des liens faibles [9] », universellement cité dans les milieux du marketing, ne fait que s'appuyer sur ce constat : il est tout à fait possible de faire croire à une personnalisation totale du produit pourvu que la différenciation des produits, au travers des gammes, etc., soit supérieure à ce que l'individu peut statistiquement rencontrer dans son univers proche.

La lutte autour des marques est à l'œuvre dès les cours d'école, comme P. Ariès l'a décrit dans un ouvrage qui a jeté un regard totalement nouveau sur les mécanismes d'exclusion, jusque-là envisagé surtout en termes d'emploi ou de vote [10]. Avoir des chaussures Nike, un polo Lacoste, c'est, pour de nombreux garçons, à tort ou à raison, une condition nécessaire pour attirer l'attention des filles. Porter un vêtement acheté chez Tati, c'est la garantie d'être la risée. Si les jeunes n'ignorent pas qu'ils se font manipuler, cela ne les empêche pas d'adhérer, bon gré mal gré au jeu social, faute d'alternative.

La société de consommation est une société de consolation. Le consommateur, pour l'entreprise, c'est un « con-sotmateur » : pour lui vendre quelque chose, il faut flatter son

---

8 R. I. M. Dunbar, « The social brain hypothesis », *Evolutionary Anthropology*, vol. 6, n° 5, p. 178-190, 1998.

9 M. Granovetter, « The strenght of weak ties », *American Journal of Sociology*, n° 78, vol. 6, 1973, p. 1360-1380.

10 P. Ariès, *Putain de ta marque – La pub contre l'esprit de révolte*, Golias, Villeurbanne, 2003.

goût pour la distinction, la compétition. Tel est notre « individualisme » : une compétition de tous contre tous dirigée par en haut par les grandes compagnies qui possèdent de toute façon toutes les marques et tous les modèles. La société des marques est une société moutonnière [11].

L'important pour l'empire publicitaire est que les individus ne se parlent pas directement et ne puissent pas élaborer de pensées et de discours en dehors de leurs organisations tentaculaires et de leurs parts de marché. Du fait de cette domination des mégafirmes, les options de type « simplicité volontaire » ou « sobriété heureuse » demandent donc d'être bien insérées socialement, ce qui explique que les populations les plus exclues soient peu présentes dans les mouvements de contestation de la publicité et du consumérisme.

Cependant certains mouvements, tel par exemple le réseau No Vox, le réseau des « sans-voix », ont bien compris l'intérêt de la démarche : « À une époque confrontée à la raréfaction de l'eau, à une disparition de 50 % des espèces, à la fonte des glaces, [...] la seule résistance réelle, la seule subversion, est de désirer autrement. Si les gens continuent à se lever le matin – ou à ne pas se lever, d'ailleurs – pour les mêmes raisons qu'aujourd'hui, nous courons à la catastrophe. Comment désirer autrement ? Les « sans » ont des réponses à cette question. [...] En Amérique du Sud, en Italie, à certains endroits en France, de façon minoritaire mais très intéressante, on voit se dessiner des lignes de fuite : un certain nombre de « sans » se mettent à désirer autrement. Au lieu de s'accrocher au rêve de la consommation, ils construisent des foyers de solidarité. Partout dans le monde, de façon très

11 F. Brune, « Consommer le monde ou le transformer ? De la soumission dans les têtes », *Le Monde diplomatique*, avril 2000.

frappante, des gens disent : "Nous avons cherché des moyens de survie, et nous avons trouvé une forme de vie supérieure" [12]. »

La domination de la publicité sur les imaginaires est récente. Après la Seconde Guerre mondiale on passe de la réclame, qui se contentait de vanter les mérites d'un produit, à la publicité, qui argumente sur la base d'un mode de vie : « Twingo, à vous d'inventer la vie qui va avec ». C'est l'autre face de la « critique artiste », peu entrevue par Luc Boltanski et Ève Chiapello qui se sont pour l'essentiel consacrés au management interne des entreprises et non aux stratégies de conquête des marchés. Or les entreprises se sont aperçues de l'importance de la « fidélisation » et de l'image qu'elles devaient donner pour séduire. Elles se sont introduites dans les écoles, offrant du matériel gratuit, dans les crèches, auprès des jeunes, plus crédules, en pleine crise d'identité, pour qu'ils tyrannisent leurs parents [13].

François Brune, écrivain, diplômé d'HEC, ancien professeur de français, collaborateur du *Monde diplomatique* et membre fondateur de l'association Résistance à l'agression publicitaire en 1992 caractérise l'idéologie de celle-ci par sept traits fondamentaux :

– la publicité promeut l'idéologie du « progrès-qu'on-n'arrête-pas », il faut changer pour changer, sans jamais se demander si les conséquences seront bénéfiques ; ce changement est toujours dans l'ordre du « plus » (plus vite, plus loin, etc.) ; elle affirme que « plus » c'est « mieux » ;

– elle suscite l'envie, le désir, l'insatisfaction, elle doit donc frustrer, démontrer que, même s'il est apparemment satisfait, l'individu est en manque – ce qu'elle fait facilement

12 Collectif, « Ce que nous apprennent les "sans" », <www.peripheries.net>.

13 F. Brune, « De l'enfant-roi à l'enfant-proie », *Le Monde diplomatique*, septembre 2004.

car, comme l'a montré la psychanalyse, le désir est inépuisable et toujours en quête d'un objet ;

– elle éveille le « désir mimétique », dont René Girard nous a montré combien il était puissant : vous êtes archaïque et asocial si vous ne vous conformez pas au goût du plus grand nombre ;

– le « culte du héros-produit » : je ne peux plus rien faire seul, rien ne m'est accessible sans le produit qui m'apportera le rêve, le bien-être, l'amour, la démocratie, etc., en bref, le vrai progrès – songeons à la passion pour les Tamagotchi, ces petites boîtes venues du Japon, qui imitent un être vivant et demandent de la nourriture, de l'affection, ou encore au slogan « la vie, la vraie » d'une firme de grande distribution ;

– elle promet le bonheur, qu'elle doit donc programmer ; les marketeurs guettent le moindre défaut du client, cherchent tous les moyens de le séduire et décourager les pistes alternatives – ces frais étant bien sûr facturés sur le produit ;

– elle excite la pulsion consommatrice, la consommation-consumation, la violence possessive (« je le veux, je me l'offre »), rend incapable de s'inscrire dans le temps, de construire de manière durable ;

– elle dévalue toutes les autres valeurs, par trois moyens : la récupération (un produit est associé à une valeur, de manière progressive et insidieuse), la falsification (« révolutionnez vos placements »), l'élimination : toutes les vertus autres que l'hédonisme et l'égoïsme possessif – conforme à la rationalité de l'*Homo economicus* – sont jugées archaïques et sans valeur. Comme le rappelle François Brune : « La société de consommation, ce n'est pas seulement comme le dit Jacques Séguéla une société où l'on consomme. En témoigne la définition fort révélatrice du *Petit Larousse* : "Société de consommation : Société d'un pays industriel avancé où l'économie, pour fonctionner, s'efforce de créer sans cesse de nouveaux besoins, et où les jouissances de la consommation sont érigées en impératif au détriment de toute exigence humaine d'un autre ordre" [14]. »

La publicité occulte totalement les effets négatifs des produits, qu'ils soient locaux ou globaux. Le montant des dépenses consacrées à démontrer le bien-fondé de la possession des dernières merveilles techniques est sans commune mesure avec les sommes allouées pour avertir des effets néfastes. Ces dernières sont souvent le fait des associations de consommateurs ou des associations écologistes qui suent sang et eau pour arriver à percer ce mur médiatique – il est d'ailleurs étonnant que ces associations soient si peu critiques à l'endroit de la publicité...

Les objecteurs de croissance ne promettent pas le bonheur, leur combat est plutôt de nous montrer que nous vivons notre temps « libre » dans une espèce de Disneyland géant dont l'ambition est d'annihiler toute ambition authentiquement émancipatrice : l'intérêt des firmes n'est *surtout pas* que le consommateur ait des désirs qu'elles ne peuvent pas satisfaire. Ces désirs sont donc réprimés et, de ce fait, nous sommes tristes. Au contraire, l'objection de croissance rend joyeux. La thèse philosophique sous-jacente est classique : pour Spinoza, ce qui est bon augmente la « puissance d'être » et va s'exprimer avec le sentiment de la joie [15] ; au contraire, toute diminution de puissance d'être s'accompagne d'un sentiment de tristesse. Ce sentiment de joie n'est pas lié à la satisfaction d'un besoin mais à l'exercice d'une liberté.

Après une éclipse de la contestation soixante-huitarde et sa récupération par le système, *via* l'individualisation des produits et la hausse du niveau de vie, voici que la critique de la consommation refait surface et affirme que baigner dans l'abondance dont rêvait Keynes ne correspond pas à la

14 F. Brune, « Enfants et publicité : le conditionnement idéologique », *Colloque Télévision, pas de publicité pour les enfants*, Sénat, 23 septembre 2009.

15 B. Spinoza, *L'Éthique* [1677], Gallimard, Paris, 1994.

« solution du problème économique », ni au bien-être, ni à la joie, ni à l'émancipation – mais au monde décrit par Orwell dans *1984*[16].

Nous sommes sommés d'être heureux. Nous n'avons pas le droit de ne pas l'être. Comment ne le serions-nous pas, puisque tant de gens y travaillent ? Et pourtant, nous ne le sommes pas. Peut-être parce que ces institutions ne répondent *pas* à ce que nous voulons *vraiment* – et cela, ces institutions ne nous offrent *pas* les moyens de le dire. En effet, quelles sont les conséquences d'une vie entière enserrée dans des macrosystèmes techniques pour nous mener dans le bateau de la « société du spectacle » le soir et le week-end ? Quel est le sens de cette gigantesque mise en scène ? L'ampleur de la souffrance sociale est une évidence aujourd'hui mais elle peine à déboucher sur autre chose que des « passions tristes », et un profond ressentiment. Et cela faute de perspectives authentiquement démocratiques, faute de lieu où la parole serait écoutée. La pression publicitaire empêche la discussion collective nécessaire à la formation autonome des besoins ; elle instille des normes qui toutes vont dans le même sens : travail, consommation, bonheur en plastique. Que les êtres humains puissent préférer la dignité au « bonheur conforme » dépasse les fabricants de gadgets destinés à nous rendre heureux.

Les actions des objecteurs de croissance se portent donc contre cette idéologie publicitaire et consumériste, avec l'objectif de rompre avec le piège du ressentiment en décrédibilisant les symboles de la société marchande : barbouillages publicitaires, « dégonflage » de 4 × 4, « journée sans achat », grève de la consommation[17], etc. Ce qui est critiqué, dans la « journée sans télé », ce n'est pas la télévision en soi mais le

16 François Brune s'y réfère explicitement *in* « Rebelle à Big Brother », *Le Monde diplomatique*, 2000.

17 P. Ariès, *No Conso*, Golias, Villeurbanne, 2006.

fait qu'elle soit entièrement phagocytée par les impératifs de la publicité, et celle-ci soumise au devoir de protéger à tout prix les parts de marché. Il ne s'agit plus dès lors de revendiquer une part plus importante du gâteau empoisonné du développement industriel mais d'en contester profondément la recette et de proposer de nouveaux ingrédients : agriculture biologique, espace public débarrassé de la pub, énergies renouvelables, villes sans voitures... On comprend qu'une telle contestation ne puisse *pas du tout* passer par les canaux classiques des revendications de répartition – car ces canaux revendiquent la répartition de la richesse qui est proposée, et non la répartition d'une autre richesse.

Analysée par des autorités gestionnaires, au nombre desquelles, hélas, les syndicats, ces revendications peuvent sembler difficiles à comprendre. Pour elles, il n'existe qu'une seule forme de richesse. La question de l'émancipation a été oubliée, la démocratie se résume à la gestion des affaires courantes – principalement faire grossir le gâteau et se quereller sur sa répartition. Dans ces conditions, qui sont ces « riches » qui osent « vouloir moins » ? Car, dans le référentiel étroit des « professionnels du marketing », qui ne veut pas plus veut forcément moins. Si on raisonne en termes de « plus » ou de « moins » dans le référentiel du bonheur matériel, alors l'option décroissante est en effet incompréhensible.

L'objectif de la lutte ne s'éclaire que si l'on comprend l'analyse politique sous-jacente. Elle permet aussi de réexaminer la lutte des classes dans des perspectives très différentes de celles mises en avant par le syndicalisme intégré dans la cogestion de la société marchande. Qui a intérêt à un bouleversement complet des normes et des valeurs de la société industrielle si ce n'est ceux qui la subissent au quotidien, soit les ouvriers, les employés et les derniers paysans du pays ? Ceux-ci sont les premiers touchés par l'assignation du système marchand à l'acquisition des biens et des services valorisés par les classes dirigeantes et le système publicitaire à leur service. Ils sont les premiers exposés à la pollution industrielle, au harcèlement des hiérarchies, au chômage, à l'emploi dégradé, etc.

La critique traditionnelle que les mouvements d'extrême gauche ont adressée aux objecteurs de croissance est que ceux-ci se désintéresseraient de la « mère des batailles » : l'emploi et les salaires. Mais c'est oublier que la défaite actuelle du monde du travail est beaucoup plus profonde que des erreurs de tactique de lutte (grève générale, solidarité secteur public-secteur privé) ou des impératifs de la mondialisation. Elle repose avant tout sur une victoire culturelle emportée de haute lutte par les propagandistes de la société de croissance : le renoncement à vivre autre chose que ce à quoi le système de marché nous assigne. C'est ce renoncement qui autorise le déploiement sans limite de la violence marchande propagée par les cabinets de consultants. Un de ceux-ci assénait à des salariés de Pôle Emploi : « Apprenez à faire le deuil de l'emploi que vous aviez. Si vous résistez vous risquez la dépression. Les jours où ça ne va vraiment pas, prenez votre voiture, faites le tour du périphérique et allez crier dans un champ [18]. » Quel niveau de salaire est susceptible de rendre supportable une telle agression ? Loin d'être anecdotique, l'idéologie publicitaire est au cœur de cette violence marchande.

Ce que disent les « nouveaux indicateurs »

Les économistes, statisticiens et comptables nationaux qui élaborent les modalités de comptes complexes qui aboutissent au PIB n'ont jamais confondu cet exercice avec la recherche d'une mesure du bonheur ou de la satisfaction de vie éprouvés par les êtres de chair dissimulés derrière

---

18 Cité par F. Aubenas, *Le Quai de Ouistreham*, L'Olivier, Paris, 2010.

les agents économiques. Mais les propagandistes de la société de croissance, eux, ne se sont pas privés de le faire. Quel pourrait être sinon le but de la course sans fin à toujours plus de valeur économique ?

Il n'est peut-être alors pas inintéressant de noter que nombre de travaux savants remettent en cause la relation entre croissance du PIB et bien-être des populations. De telles recherches sont d'ailleurs contemporaines de la contestation des années 1968. C'est en 1972 que William Nordhaus et James Tobin [19] proposent un des premiers indices de bien-être. En 1974, on découvre le « paradoxe d'Easterlin », du nom de l'économiste qui l'a mis en évidence [20] : une hausse du PIB ne se traduit pas nécessairement par une hausse du bien-être ressenti par les individus. L'idée est de tester la relation existant entre la valeur économique créée par une société et un certain nombre d'indicateurs sociaux ou environnementaux « objectifs » (tels l'espérance de vie, le niveau d'inégalités sociales...) ou subjectifs (la « satisfaction de vie ») – et ce indépendamment du caractère écologiquement soutenable ou non des modes de vie.

Les « nouveaux indicateurs », éclipsés pendant les années 1980, reviennent en force depuis quelques années. Ils ont même connu une véritable inflation ces dernières décennies [21], ce qui tend à montrer la profonde insatisfaction de nombreux auteurs et institutions face à la mesure économique du monde qui nous entoure. Dans le domaine de l'étude de la satisfaction de vie, en se fondant sur des

---

19 W. Nordhaus et J. Tobin, « Is growth obsolete ? », *in Economic Growth, Fiftieth Anniversary Colloquium, National Bureau of Economic Research*, Columbia University Press, New York, 1972.

20 R. A. Easterlin, « Does economic growth improve the human lot ? » *in* P. A. David et M. W. Reder (dir.), *Nations and Households in Economic Growth : Essays in Honor of Moses Abramovitz*, Academic Press, New York, 1974.

21 J. Gadrey, « De la croissance au développement. À la recherche d'indicateurs alternatifs », *Working Paper*, 17 juin 2002.

statistiques nationales, de nombreuses études empiriques venant de la littérature économique et psychologique montrent que la croissance des revenus n'est pas liée à une croissance du bonheur au-delà de seuils discutés au sein de ces travaux [22].

Si on considère que la dégradation de la nature est une cause du malheur des êtres humains, à commencer par les plus pauvres, intéressons-nous en premier lieu à l'« empreinte écologique » popularisé par le WWF. Celle-ci désigne la surface productive nécessaire à une population humaine pour répondre à ses besoins en ressources et en absorption de déchets. Les calculs réalisés pour la France et les grands pays industrialisés sont sans appel : la croissance économique accroît de manière insoutenable l'empreinte écologique de ces territoires, qui se trouve bien supérieure à leurs capacités biologiques [23]. Conséquence : ces États vont prélever ailleurs des ressources essentielles à leur croissance et dès lors appauvrissent une partie des peuples d'autres continents. Au niveau mondial, l'étude dirigée par M. Wackernagel et W. Rees, publiée en 2002 dans les comptes rendus de l'Académie nationale des sciences des États-Unis, montre que l'empreinte écologique de l'humanité excède de très loin les capacités de la nature à se régénérer [24], notamment du fait de la très forte progression de la consommation d'énergie, dont une large part

---

22 D. G. Myers et E. Diener, « The pursuit of happiness », *Scientific American*, vol. 274, n° 5, 1996, p. 70-72 ; R. A. Easterlin, « Will raising the incomes of all increase the happiness of all ? », *Journal of Economic Behavior and Organization*, vol. 27, n° 1, 1995, p. 35-48 ; B. S. Frey, *Happiness : A Revolution in Economics*, MIT Press, Cambridge (MA), 2008 ; E. Diener et R. Biswas-Diener, *Rethinking Happiness : The Science of Psychological Wealth*, Blackwell Publishing, Malden, 2008 ; D. G. Blanchflower et A. J. Oswald, « Well-being over time in Britain and the USA », *NBER Working Papers*, n° 7487, National Bureau of Economic Research, Inc, 2000.

23 World Wildlife Fund, *Rapport planète vivante*, 2002.

24 M. Wackernagel et W. Rees, *Notre empreinte écologique*, Écosociété, Montréal, 1999.

est imputable aux systèmes de transports, activité indispensable au système de marché mondialisé. L'humanité a dépassé la capacité porteuse de son écosystème naturel. Une décroissance économique permettrait une réduction de l'impact écologique des activités économiques (notamment industrielles), une revalorisation de l'agriculture biologique, une amélioration du bien-être des premières victimes de la dégradation de la nature. Ce travail rappelle, s'il en était besoin, qu'il est difficile d'imaginer des vies humaines dignes et heureuses lorsque la nature est détruite et, avec elle, la beauté et la diversité culturelle des mondes humains.

D'autres indicateurs prennent une forme monétaire et ont été calculés pour les pays « riches » (États-Unis et pays de l'Europe occidentale). De tels « indices de bien-être » sont obtenus en retranchant ou en ajoutant à la valeur du PIB des variables monétarisées qui intègrent les dimensions sociales et environnementales. À titre d'exemple, ces indicateurs valorisent positivement la contribution du bénévolat et du travail domestique au bien-être social ; *a contrario*, un fort niveau d'inégalité ou d'insécurité sociale vient réduire la valeur du PIB. L'intérêt d'un tel calcul réside dans son traitement des dépenses économiques « de compensation ». Dans une logique d'accumulation de la valeur propre au PIB, les activités de dépollution d'un site industriel sont comptabilisées positivement (à hauteur de l'accroissement de la valeur ajoutée de l'entreprise en charge du travail : « Polluer, dépolluer, c'est toujours travailler ! »). Le calcul d'un indice de « bien-être » considérera qu'une telle activité ne fait que tenter de « corriger » les dégâts provoqués par une activité économique en amont. Le travail humain permet, théoriquement, de retrouver la fonction naturelle du lieu avant sa pollution, c'est-à-dire un service qui, auparavant était rendu gratuitement par la nature. Il ne sera donc pas comptabilisé. Il en va de même pour l'ensemble des activités de travail de « réparation » des violences subies par les corps humains du fait du processus économique (stress, accidents du travail...). La croissance du PIB se voit alors réduite de l'ensemble des activités de compensation et de réparation des dégâts qu'elle occasionne. De plus, certains indices évaluent un certain nombre de coûts irrécupérables pour les communautés humaines, pour lesquels aucune dépense de « compensation » n'est *a priori* envisageable (coûts des dommages environnementaux, coûts des destructions durables, etc.).

Dans cette famille d'indices, on peut citer l'« indice pour un bien-être soutenable », initié par H. Daly et J. Cobb, l'« indice pour un bien-être durable » présenté par l'ONG les Amis de la Terre en lien avec le centre de recherche indépendant New Economic Foundation ou encore l'« indice de progrès véritable » (*Genuine Progress Index*) très réputé aux États-Unis. À nouveau, les résultats sont sans appel : lorsqu'on retranche du PIB la valorisation monétaire des activités de « réparation » des dégâts du progrès, on constate un décrochage de plus en plus net entre croissance économique et croissance du bien-être à partir des années 1970 pour l'ensemble des pays examinés (*cf.* figure 2).

Le point notable réside dans l'évolution de plus en plus divergente entre l'indicateur de croissance économique et l'indicateur de « bien-être ». Une part grandissante des activités économiques valorisées monétairement (économie publique ou privée) est mise en œuvre pour (tenter de) réparer les dégâts sociaux et environnementaux occasionnés par le développement économique (dépollution, dépenses de sécurité, de santé...). On ne saurait mieux résumer la situation que le président d'une grande ONG américaine : « Nous sommes plus riches mais pas beaucoup plus heureux, [...] aujourd'hui cet appétit [de consommation] sans précédent attaque les systèmes naturels dont nous dépendons » (*Libération*, 13 janvier 2004). La destruction puis la « réparation » de la société et de la nature constituent de nos jours une contribution majeure à la croissance économique. Misère de l'abondance...

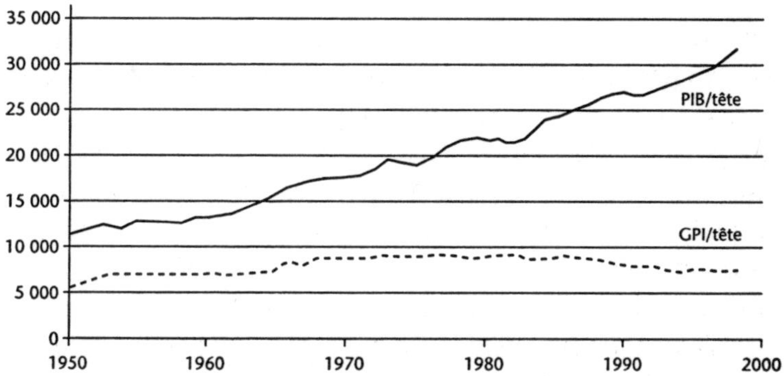

Figure 2 *Évolution du PIB par tête et de l'indice de progrès véritable (GPI) aux États-Unis*

Source : Jean Gadrey, « De la croissance au développement. À la recherche d'indicateurs alternatifs », *Working Paper*, 17 juin 2002.

Un tel résultat semble se confirmer au niveau mondial lorsqu'on s'intéresse aux liens existant entre la croissance économique et un certain nombre d'indicateurs traditionnellement retenus pour la mesure du « bien-être » collectif. Un des indicateurs le plus souvent retenus est celui de l'espérance de vie, bien que celui-ci puisse être discuté : il ne tient pas compte des inégalités sociales, ni de la « qualité » de la vie vécue notamment dans le grand âge. À la suite des travaux de Jean Gadrey et Florence Jany-Catrice [25], un examen attentif des données permet d'avancer les résultats suivants :

– La corrélation espérance de vie/PIB disparaît entièrement pour les pays les plus riches (PIB par tête supérieur à 18 000 dollars annuels) : on retrouve alors l'existence de seuils au-delà desquels la croissance de la valeur économique est en

25 J. Gadrey et F. Jany-Catrice, *Les Nouveaux Indicateurs de richesse*, La Découverte, Paris, 2005. Nous remercions Jean Gadrey de nous avoir fait profiter de ses recherches statistiques que nous extrapolons ci-dessous. Nous sommes évidemment seuls responsables des commentaires.

grande partie tirée par des activités qui ne contribuent plus à l'amélioration du bien-être.

– La relation espérance de vie-PIB n'est pas linéaire. Ainsi, si on concentre l'analyse sur 44 pays (sur une population statistique de 177 pays) affichant une espérance de vie « élevée » et comparable (entre 73 ans et 79 ans), les variations de PIB par tête sont considérables. Comment comprendre que les États-Unis avec près de 40 000 dollars de PIB n'arrivent qu'à 77,5 ans d'espérance de vie, et même seulement 64 ans pour les Afro-Américains, alors que le Sri Lanka et l'Équateur dépassent les 74 ans pour un PIB dix fois moindre ? Qu'un habitant du Portugal ait la même espérance de vie qu'un habitant des États-Unis avec un PIB par tête deux fois inférieur ? Qu'un Vénézuelien vive aussi vieux qu'un Hongrois avec un PIB par tête presque trois fois moindre, etc. L'espérance de vie peut donc être allongée par de multiples moyens dont ne rend pas compte la valeur économique : les « réparations médicales » extrêmement coûteuses et sophistiquées sont fortement contributives au PIB mais la médecine préventive, peu coûteuse et de proximité – dispensaires, « médecins aux pieds nus »... – est faiblement contributive, et pourtant très efficace.

– Concernant les pays les plus défavorisés (44 pays avec une espérance de vie de moins de 60 ans), un très grand nombre, notamment ceux situés en Afrique, font l'objet de pillages de leurs matières premières nécessaires à la croissance des pays riches. Décimés par les guerres prédatrices (Angola, Congo, etc.) ou asservis par un tyran (Cameroun, Tchad, etc.), ces peuples ont vu leur mode de vie détruit par la domination économique de l'Occident [26]. Il n'est donc pas exagéré de dire qu'ils payent le prix fort de la croissance occidentale. Le film

---

26 Pour une histoire non autorisée des conditions de la décolonisation française en Afrique, voir F.-X. Verschave, *Françafrique, le plus long scandale de la République*, Stock, Paris, 1998.

Le Cauchemar de Darwin a illustré cette situation dans laquelle le PIB augmente au prix d'un démembrement de la société. Les habitants situés autour du lac Victoria, en Tanzanie, voient leur zone de pêche envahie par un prédateur redoutable : la perche du Nil. Carnivore, elle dévore peu à peu tout ce qui y vit ; mais, étant de belle taille, elle se prête à la pêche mécanisée, ce qui induit un taux de chômage élevé. À la fin du documentaire, une extrême minorité de la population a fait fortune en exportant la perche en Europe, tandis que la plus grande partie de la population vit des restes de la fabrique de filets de perche, grappillant les lambeaux de chair qui subsistent sur le squelette du poisson après dépeçage ; certains en viennent même à regretter l'absence de guerre, l'armée étant le dernier employeur stable de la région...

Quelques exemples peuvent illustrer d'autres corrélations : ainsi, au-dessus de 12 000 dollars, il n'y a plus de corrélation entre PIB et taux de scolarisation ; l'Arménie atteint 89 % de scolarisation avec 4 000 dollars de PIB, dix fois moins que les États-Unis ; la corrélation entre croissance du PIB et inégalités, mesurée par le coefficient de Gini (inégalités de revenu), existe mais elle est faible ; les États-Unis ont un coefficient comparable à celui de Madagascar, 20 fois plus pauvre, et moins bon qu'un vaste ensemble de pays dont font partie la Mauritanie, le Rwanda, etc. ; il n'y a aucune corrélation entre le niveau de PIB et le nombre de personnes en prison pour 100 000 habitants, ni entre PIB et homicides, les États-Unis réalisant dans ce domaine un score particulièrement élevé (trois fois plus de morts qu'au Portugal, par exemple) ; la corrélation entre PIB et pourcentage de femmes au Parlement est très faible... Le Rwanda obtient un meilleur score que la Suède ! Les États-Unis, à 15 %, sont plutôt dans le bas du classement. Du côté des indicateurs subjectifs tels que le Happy Planet Index la corrélation est positive au-dessus de 15 000 dollars mais inexistante en dessous de 10 000 dollars, des ressortissants de pays tels que le Bhoutan, le Venezuela ou le Costa Rica se déclarant aussi « heureux » que les Suisses et les Danois, alors que les pays les moins heureux sont parfois aussi très riches, ainsi la Corée du Sud.

Le Happy Planet Index est construit sur la base de trois variables, la satisfaction subjective de vie, l'espérance de vie et l'empreinte écologique [27]. La première variable est tirée du célèbre World Values Survey initié par Ronald Inglehart [28]. Cent soixante-dix-huit États ont été évalués en 2006, contre 143 en 2009. Le meilleur score en 2009 était celui du Costa Rica, suivi de la République Dominicaine et de la Jamaïque, avec la Tanzanie, le Botswana et le Zimbabwe en bas de tableau.

L'économie morale de la société de croissance

Ces résultats donnent une crédibilité macroscopique et chiffrée aux observations et aux analyses sur lesquelles les mouvements de la décroissance s'appuient. Mais la critique issue de la décroissance ne s'en tient pas là. Elle ne pense pas qu'il suffirait de remplacer le PIB par d'autres indicateurs pour que le problème soit réglé. Elle pense même qu'un tel projet est voué à l'échec, car il ignore ce que le PIB reflète de l'organisation sociale actuelle, en particulier son *économie morale*.

Si le PIB reste l'un des indicateurs les plus structurants de la régulation collective, c'est pour une raison simple : c'est un instrument pertinent de mesure de l'accumulation monétaire, essentiellement d'origine marchande. Le fait que les biens et services « non marchands » soient également

---

27 <www.happyplanetindex.org>.

28 R. Inglehart et W. Baker, « Modernization, cultural change and the persistence of traditional values », *American Sociological Review*, n° 85, 2000, p. 19-51.

comptabilisés dans le PIB n'a rien changé à l'affaire [29]. L'intervention publique directe vient en effet en grande partie soutenir l'économie de marché en finançant des activités que celle-ci peut difficilement mettre en œuvre et dont elle a pourtant grand besoin pour son développement. L'intervention publique est donc déterminante pour garantir la croissance marchande : c'est par exemple le cas des grands réseaux de transports publics (aujourd'hui privatisés de façon rampante), qui favorisent la libre circulation des individus et des marchandises ou du secteur public de l'énergie (tel le parc électronucléaire français), dimensionnés pour une économie industrielle compétitive. C'est un vieil enseignement de la théorie économique libérale qui a toujours défendu l'intervention publique directe en cas de défaillance de l'économie concurrentielle.

De nombreux services non marchands sont nécessaires au bon fonctionnement de l'économie marchande (système juridique, financement de revenus minimum, etc.). Le progrès de l'indicateur PIB mesure ainsi largement le progrès de la logique étatico-marchande dans la satisfaction de nos besoins, il mesure la progression des macrosystèmes techniques et leur capacité croissante à vouloir répondre à des problèmes qu'ils ont eux-mêmes provoqués.

Certes, dans leur fonctionnement concret, bien des relations sociales échappent encore à l'égoïsme calculateur et à la « raison d'État ». Les services publics servent aussi... le public et pas uniquement l'accumulation marchande (même si c'est

---

29 Il n'est d'ailleurs pas anodin de noter que l'intégration du « non marchand » dans l'indicateur du PIB a toujours été problématique d'un point de vue théorique pour les économistes. Ce n'est qu'à partir de 1968 que le Système de comptabilité nationale français distingue clairement branches d'activités « marchandes », « non marchandes », « biens et services marchands » et « biens et services non marchands ». Seul le Système élargi de comptabilité nationale de 1976 calcule explicitement un PIB « non marchand ». À partir de 1999, cette distinction disparaît. Voir l'excellent ouvrage A. VANOLI, *Une histoire de la comptabilité nationale*, La Découverte, Paris, 2002, notamment p. 306-344.

de moins en moins vrai) ; aucune entreprise privée ne peut fonctionner sans que des relations d'entraide et de coopération se nouent en son sein, les systèmes techniques n'ont pas tué toute forme de relation personnelle directement vécue ; l'école ne se limite pas à former des salariés compétitifs, etc. Mais l'économie marchande et la régulation étatique tendent à mettre ces relations humaines de coopération désintéressées monétairement au service de leur logique d'expansion. Il en faut des luttes et des résistances aux êtres humains pour échapper à leur destin de force de travail ou de serviteur zélé de la logique d'État !

Une réduction du PIB pose inévitablement problème pour les institutions de l'économie de marché, comme le montre l'épisode de forte récession économique de 2008-2009. On pourrait même dire que la possibilité de la construction d'un indicateur tel que le PIB signe uniquement la domination étatico-marchande, sans aucun lien avec un quelconque « progrès social », notamment quand les exportations de matières premières ou agricoles à bas prix contribuent fortement à la croissance du PIB. Il n'y a en effet aucun sens à construire un indicateur de ce type dans des contextes sociaux qui ne connaissent pas un système intégré de marchés. Lorsqu'un tel calcul devient pertinent, c'est que la circulation marchande des richesses, aujourd'hui quasi inévitablement intégrée au niveau mondial, devient déterminante au sein de la société humaine et de la vie naturelle considérées. Or les exigences en termes de compétitivité sur les marchés mondiaux sont telles que les sociétés humaines doivent se plier toujours davantage aux exigences d'un système de marché mondialisé. Il en va ainsi lorsque les petits cultivateurs de coton du Mali voient leurs conditions de vie se dégrader encore et toujours afin de tenter de demeurer compétitifs sur le marché mondial. Certes, le Mali exporte encore du coton, engrange encore quelques devises (forte contribution au PIB), mais il est possible de diagnostiquer une situation sociale bien pire que lorsque sa paysannerie vivait d'échanges locaux communautaires échappant en grande partie aux seules logiques du calcul marchand. Le PIB est donc parfaitement adapté à notre système économique et (*en cela même* serait-on tenté de dire) totalement inadapté à l'appréhension de la complexité de la vie de la société, pour ne rien dire de la vie naturelle. Il ne suffira pas de quelques indicateurs élaborés ici ou là pour provoquer les changements nécessaires.

Même si d'autres indicateurs que le PIB étaient pris au sérieux, le risque est grand de demeurer dans une perspective utilitariste du monde, d'agréger « les peines et les plaisirs » des êtres humains. Les partisans des courants culturalistes et démocratiques de la décroissance seront ainsi en droit de se demander quelle est la pertinence d'un « indicateur de satisfaction de vie » pour un pays tout entier. Une vie heureuse, réussie, a-t-elle d'autre sens que vécue subjectivement par un être singulier, toujours en lien, évidemment, avec d'autres ? Étienne de La Boétie ne nous a-t-il par rappelé, il y a bien longtemps, que les êtres humains pouvaient se complaire dans la plus totale servitude ?

La question du bonheur devrait avant tout perturber le bel agencement réglé de la vie sociale. L'insatisfaction n'a pas tant besoin d'être détectée par de nouveaux indicateurs que de pouvoir s'exprimer dans l'espace public, librement. Aujourd'hui l'accès à l'espace public est sous la coupe réglée d'organismes publicitaires, c'est pour cette raison que les associations comme Résistance à l'agression publicitaire demandent que les publicités commerciales soient soumises aux mêmes règles que l'affichage libre permettant l'expression artistique, associative, sociale, politique et syndicale dans l'espace public.

Pour certains « objecteurs de croissance », il existe quelques signes encourageants de la part des autorités comme en témoigne la grande conférence « Au-delà du PIB » (« Beyond GDP ») qui eut lieu en novembre 2007 au Parlement européen [30]. Comment juger de la sincérité d'une telle attention ? D'autres indicateurs prendront-ils le pas sur le PIB ? Une politique menée l'œil rivé sur ces nouveaux indicateurs, tel l'état des écosystèmes ou les inégalités, serait-elle poursuivie *même si* elle provoquait une baisse du PIB ? Si tel était le cas, l'expérience démontrerait que la société et ses autorités tiennent plus au bon état des écosystèmes ou des inégalités qu'à l'état du PIB, c'est-à-dire de l'économie de croissance. Or ce cas de figure n'est exposé dans aucune théorie économique ni aucune théorie du développement à ce jour. Quel que soit le type d'indicateur alternatif retenu, une politique qui le prendrait au sérieux serait inévitablement une politique de décroissance, pour autant qu'aucun de ces indicateurs n'est corrélé avec le PIB, bien au contraire : l'amélioration de l'égalité, de l'état des écosystèmes, du bonheur, etc. demanderait que l'on sacrifie l'objectif de la croissance économique.

30 <http://www.beyond-gdp.eu>.

7

La décroissance, c'est la récession, le chômage, la fin de l'économie de marché ?

OÙ IL EST MONTRÉ QU'IL EST IMPUDENT D'ACCUSER LES DISSIDENTS DE VOULOIR PROPAGER LES MAUX DISTILLÉS PAR LE SYSTÈME QU'ILS CRITIQUENT

Peut-on confondre les revendications favorables à la « décroissance » et les manifestations concrètes d'une récession ou d'une dépression économique ? Pour les partisans de la croissance, il ne fait pas de doute que « décroissance = récession = chômage = misère ».

Les termes de « récession » et de « dépression » sont définis de façon précise en économie. La notion de récession renvoie à une phase particulière du cycle de court terme de la croissance économique : un épisode, relativement bref, généralement comptabilisé à partir de deux semestres consécutifs, de contraction de l'activité (chute du PIB). Cette dernière est souvent déclenchée par un krach boursier ou, plus généralement, l'éclatement d'une bulle spéculative ; elle entraîne de très nombreuses faillites et destructions d'emplois.

La récession se transforme en « dépression économique » lorsque la durée de la contraction de l'activité est plus importante. Elle désigne également une très longue période au cours de laquelle se succèdent des moments de faible croissance économique et de contraction aiguë de l'activité économique (la « grande dépression » des années 1873-1896 ou « des années 1930 »). À titre d'exemple, en 2009, le PIB des économies de la zone euro s'est contracté de 4 % (source :

Eurostat), une ampleur inconnue depuis la grande crise des années 1930. L'Europe est entrée « en récession » et, officiellement, nul ne sait si celle-ci marque l'entrée dans une période prolongée qui verrait se succéder très faible croissance et récessions de forte ampleur, soit une « dépression économique »

Vive la récession ?

Les partisans de la décroissance peuvent-ils se réjouir du pourrissement sur pied de l'économie de croissance et d'accumulation au nom de la préservation de l'environnement ? Certes, la contraction de l'activité provoquée par les dysfonctionnements majeurs de l'économie marchande permet de soulager, au moins à court terme, les écosystèmes naturels : moins de transports de marchandises et de voyageurs, arrêt de programmes immobiliers détruisant les terres arables, etc. Elle permet aussi de démontrer de manière éclatante à quel point niveau d'activité économique et emprise écologique sont fortement corrélés, opposant ainsi un démenti empirique de poids à l'armée des avocats de la croissance qui cherche à nier l'évidence. Ainsi la crise financière de 2008 s'est-elle accompagnée de la première diminution globale des émissions de CO_2, scénario que n'avaient absolument pas envisagé les spécialistes du Groupe d'experts intergouvernemental sur l'évolution du climat (GIEC).

S'en tenir là est manifestement insuffisant. Dans une société de croissance, la contraction du PIB a des effets délétères que les objecteurs de croissance prennent très au sérieux. En premier lieu, cette situation est lourde de dangers pour le financement d'activités de maintenance industrielle avec des conséquences écologiques potentiellement catastrophiques (centrales nucléaires, pétrochimie, etc.). Elle incite de plus les États, *via* des interventions de plus en plus importantes, à financer les activités économiques les plus discutables sur un plan écologique car s'inscrivant inévitablement, au nom de priorités à court terme en matière de croissance et d'emploi, dans les trajectoires techniques traditionnelles (autoroutes « propres », voitures « propres », nucléaire « propre », etc.). De plus, la perte de centaines de milliers d'emplois risque de s'accompagner de la perte d'autant de qualifications professionnelles qui se révéleraient fort utiles à la mise en œuvre d'une société écologique, qui aura toujours besoin de techniciens, d'ouvriers qualifiés, etc. Enfin, la fragilisation de pans entiers de la société par le chômage, la misère et le manque de perspectives d'avenir ne crée pas, c'est le moins que l'on puisse dire, des conditions favorables pour des débats sereins et des expérimentations concrètes en matière de décroissance ! Même si les potagers familiaux (que l'on peut espérer bio) fleurissent à nouveau pour soulager les budgets alimentaires...

Répondre à cette question nécessite d'examiner avec soin les relations existant entre croissance économique et création d'emplois au cours de l'histoire et lors de ces dernières années. Cette question est l'un des sujets traditionnels que doivent affronter des générations d'élèves en sciences économiques et sociales. Que ceux qui en gardent de très mauvais souvenirs se rassurent, nous nous bornerons à répondre ici à l'accusation *a priori* sans appel qu'encourent tous les objecteurs de croissance : la sobriété écologique détruirait du travail et créerait davantage de chômage et de misère dans nos sociétés.

Croissance et emploi : petits rappels

D'abord les faits, très largement connus. Après les trois décennies « exceptionnelles » de la modernisation de l'après-guerre (1945-1974), la croissance en volume du

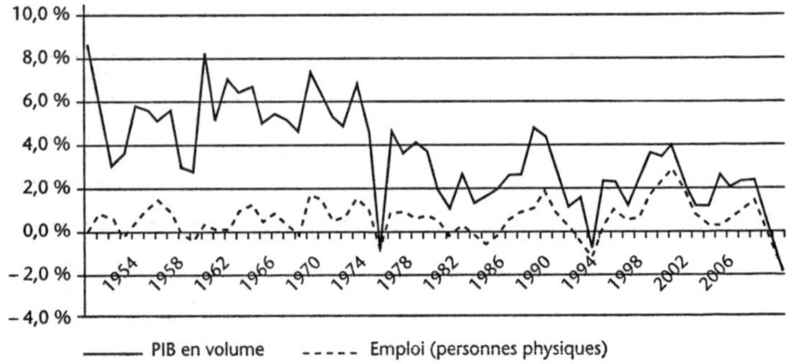

Figure 3 *Évolution annuelle du PIB et de l'emploi*
Source : Insee, Comptes nationaux, base 2000.

PIB national connaît une forte décélération, avec pas moins de trois récessions, de plus en plus sévères (1975, 1993, 2009). Au cours de la période 1970-2009, le taux de chômage explose. Les deux graphiques (figures 3 et 4) synthétisent ces deux mouvements.

La simple comparaison de ces deux graphiques semble donner raison aux partisans de la croissance économique au nom de l'emploi. Le taux de croissance du PIB et l'évolution de l'emploi sont étroitement corrélés et la chute tendancielle du PIB est à l'origine de la forte progression du chômage. Il importerait alors de tout mettre en œuvre pour retrouver les taux de croissance que connaissait notre économie au cours des années 1950-1974 afin de créer des millions d'emplois. Une analyse plus poussée permet au contraire de montrer ia crise profonde que connaît l'économie de croissance.

Notons tout d'abord que, au cours des années 1950-2009, le PIB en volume a été multiplié par plus de 7 alors que l'emploi (« le nombre d'actifs occupés ») ne connaissait qu'une croissance d'un tiers et ce malgré une très forte réduction de la durée du temps de travail individuel, grâce à la réduction de la durée légale du travail à temps plein et, à partir de 1990, de la croissance du travail à temps partiel... Car la

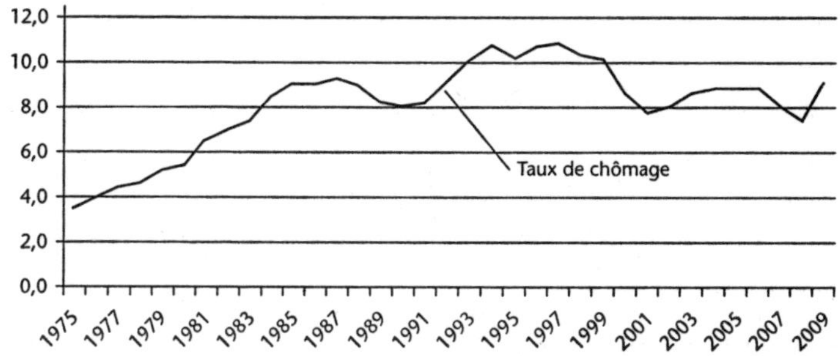

Figure 4 *Évolution du taux de chômage*

Source : Insee, enquêtes Emploi, données corrigées de la rupture de série en 2002 (taux de chômage au sens du Bureau international du travail).

croissance de l'emploi, qui semble demeurer relativement stable sur la période (1950-2009), masque en réalité le fait que ce ne sont plus les mêmes emplois qui sont créés : l'emploi « atypique » – c'est-à-dire distinct du CDI à temps plein : intérimaires, précaires, temps partiels – explose. Le masque de cette misère porte un joli nom dans le jargon économique : l'« enrichissement de la croissance en emploi ». Et cette dégradation des conditions d'emploi et de travail ne parvient même pas à limiter la progression du taux de chômage officiel, multiplié par 10. Dans le même temps la population active ne progressait « que » de 43 % (1949-2008).

Croissance du PIB en volume, croissance du chômage et de l'emploi « indécent » sont donc allées de pair au cours de la période. Belle démonstration que « la croissance crée de l'emploi » ! N'aurait-on pas plutôt assisté à une *destruction massive* de travail humain au cours de la période ? Un tel résultat devrait laisser pantois les nombreux économistes qui continuent de mettre en avant l'effet de « déversement » pour expliquer que la croissance ne crée pas de chômage. En effet, nous dit-on, « si le progrès technique peut détruire des emplois localement ou à court terme, la création de richesses supplémentaires qu'il génère garantit un effet net positif sur l'emploi à long terme. Ce mécanisme est connu sous le nom de l'effet de *compensation* (Ricardo), ou effet de *déversement* (Sauvy) [1] ».

Suivant les partisans de cette approche, la modernisation économique et la croissance de la productivité des différents secteurs d'activité sont bel et bien, dans un premier temps, à l'origine d'une réduction massive du temps de travail, et donc de l'emploi. Et tel est précisément l'effet recherché par les dirigeants de l'entreprise : les coûts unitaires de chaque marchandise produite baissent, l'entreprise « gagne en compétitivité ». Mais, poursuivent les économistes, cette baisse des prix des marchandises crée de nouvelles opportunités de croissance dans d'autres secteurs, d'où de nouveaux investissements productifs, à l'origine de nouvelles créations d'emplois qui viennent compenser les emplois perdus. Les emplois se sont « déversés » d'un secteur à l'autre.

Historiquement, l'effet de déversement est indéniable et explique la transformation sans précédent de la structure productive de notre économie : entre 1896 et 1974 le nombre de travailleurs dans l'agriculture chutait de près de 6 millions, pendant que se créaient 2,2 millions d'emplois dans l'industrie et près de 6 millions de postes dans le secteur tertiaire (le secteur un peu fourre-tout des « services »). Les postes de travail perdus dans l'économie paysanne et l'artisanat – du fait de l'industrialisation de ces activités – ont donc été compensés par le développement des secteurs industriel et tertiaire qui prenaient le relais au cours des années 1950-1970. Un très fort taux de croissance du PIB, permettait de créer en masse des emplois, à temps plein, avec un nombre d'heures travaillées individuellement élevé mais en baisse constante, dans un

1 Cours de J.-P. Fitoussi, « Fondement de la politique économique et mondialisation », 16 octobre 2007 disponible à <http://www.supportscoursenligne.sciences-po.fr>.

contexte d'assez faible croissance de la population active[2]. La France, comme on disait alors, « manque de main-d'œuvre ».

Mais, à partir des années 1970, cet effet de « déversement » se dégonfle progressivement et, alors que la croissance de la population active demeure forte, le chômage et le sous-emploi galopent. Pour être bien compris, ce point mérite qu'on s'y arrête et qu'on fasse un léger rappel sur le mode de fonctionnement de notre système économique.

La dynamique d'une économie marchande, son taux de croissance, dépend du taux de profit global des entreprises : plus celui-ci est élevé, plus les retours d'argent générés par l'investissement productif sont importants. Et plus l'incitation à investir pour gagner de l'argent est forte. Entre 1970 et le milieu des années 1980, la profitabilité et le taux d'investissement des entreprises diminuent très nettement (*cf.* figure 5). La raison est parfaitement établie par toute une tradition marxienne à laquelle se réfèrent les textes économiques les plus intéressants des objecteurs de croissance[3] : une forte croissance économique repose sur l'accumulation du capital productif (les « machines ») nécessaire à la croissance de la productivité du travail qui permet de produire et d'écouler de très nombreuses marchandises dont les prix unitaires chutent (voitures, réfrigérateurs, téléphones, ordinateurs, etc.) Mais, au fur et à mesure que la valeur du capital accumulé s'accroît, le rapport des profits à la totalité du capital accumulé se réduit. Pour le dire autrement, chaque euro du capital investi rapporte de moins en moins. Un profit de 10 euros ramené à un capital accumulé de 100 euros rapporte 10 %, mais si le capital accumulé s'accroît, 10 euros de

---

2 La croissance de la population active est de 6,7 % entre 1949 et 1968 contre 18,7 % entre 1968 et 1987.

3 Le tout dernier texte d'André Gorz fait explicitement référence aux travaux de Jean-Marie Vincent, Anselme Jappe, Moishe Postone et Robert Kurz (« Crise mondiale, décroissance et sortie du capitalisme », *Entropia* n° 2, printemps 2007).

profit ne suffisent plus : il faut par exemple accroître de 10 % son profit pour maintenir la rentabilité du capital lors de la période suivante (11/110). Faute de quoi l'incitation à investir se réduit. C'est ce qui se passe à compter de la fin des années 1960 à partir desquelles le taux d'investissement entame sa lente descente, ce qui fait plonger le taux de profit (jusqu'au milieu des années 1980) et le taux de croissance du PIB.

Cette situation est loin d'être nouvelle dans l'histoire du capitalisme. C'est même une contradiction permanente du système : chaque patron a intérêt à accroître son capital productif pour que son entreprise soit plus compétitive que ses concurrentes ce qui conduit, à un niveau collectif, à une « suraccumulation du capital ». Les profits deviennent insuffisants par rapport à la valeur de la somme des capitaux à rentabiliser. Que faire ? Au cours du XIXe siècle et au début du XXe, l'économie marchande se régulait par des crises périodiques violentes et de courte durée (récession) qui dévaluaient le capital accumulé (les fameux « cycles économiques »). Ces fortes secousses permettaient de détruire du capital (*via* les faillites en chaîne de nombreuses entreprises et donc un fort chômage), ce qui faisait apparaître de nouvelles opportunités de taux de profit élevés pour les entreprises survivantes (les plus solides) et garantissait la « reprise » d'une croissance forte. Ce qui permet, au passage, de rappeler deux évidences : la crise économique n'est pas un accident mais un moment du cycle de croissance ; et les crises de l'économie marchande sont toujours des crises de surproduction au cours desquelles des populations meurent de faim alors que des tonnes de marchandises pourrissantes n'arrivent plus à s'écouler.

En France, à partir des années 1970, l'économie va bel et bien connaître un retour de tels cycles d'activité mais ceux-ci sont dorénavant atténués par les politiques publiques mises en œuvre afin d'empêcher la violence des crises économiques. Car ce qui était envisageable (avec des coûts sociaux

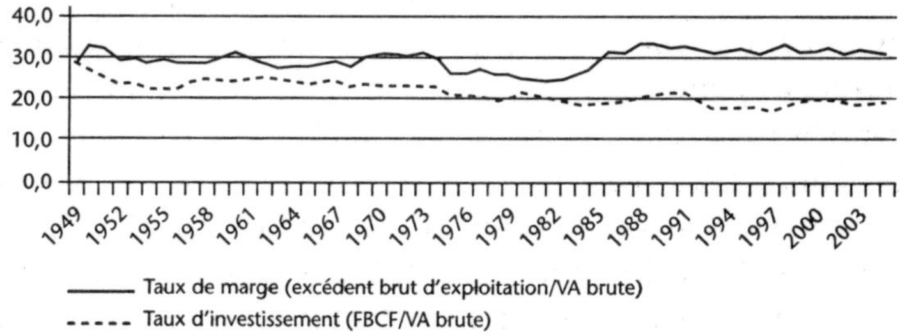

Figure 5 *Taux d'investissement et taux de profit des entreprises non financières*

Source : Insee, traitement des données par les auteurs.

déjà terribles) lorsque le capitalisme était faiblement développé ne l'est plus. La France des années 1980 n'est plus la France d'avant guerre : le niveau atteint par l'accumulation du capital est prodigieux et le coût d'une récession au niveau requis pour purger la suraccumulation de capital est jugé politiquement et socialement insupportable. Les récessions des années 1975 et 1993 sont donc modérées. La violence de celle de 2009 (le PIB se contracte de 2,2 %), malgré les politiques monétaires et budgétaires importantes mises en œuvre pour en limiter l'importance, trahit l'ampleur de la crise de suraccumulation dans laquelle s'enferre l'économie marchande.

Le lecteur sagace aura peut-être noté que les taux de profit ont pourtant été restaurés au cours de la décennie 1980, sans purge économique sévère. Il observera également que le retour des profits n'eut aucun effet notable pour l'investissement, sauf peut-être une chute légèrement freinée. Quel est donc ce mystère qui entre en totale contradiction avec l'adage qui veut que « les profits d'aujourd'hui font les investissements de demain » cher à la science économique ? La réponse est connue de ceux qui veulent bien voir les choses en face : pour satisfaire sa croissance, le capital a de moins en moins recouru à la production des marchandises et de plus en plus aux bulles spéculatives. La restauration des profits n'était que de la « monnaie de singe » : des milliers de milliards créés sans contrepartie en biens et services. Un véritable « capital fictif » pour parler comme Marx. Seules les diverses bulles spéculatives que nous avons connues au cours des décennies 1990 et 2000 (immobilier, « nouvelle économie », etc.) ont pu laisser croire que l'économie marchande était à nouveau en « pleine forme », dopée par la vague de « néolibéralisme ». On sait ce qu'il en est advenu à partir de l'été 2007. Les bulles spéculatives ont bel et bien pu favoriser, par ricochet, l'investissement productif mais de façon particulièrement non durable. Si on accepte l'idée que cette évolution, ici décrite pour le seul cas français, est globalement la même pour l'ensemble des économies développées, alors on conclura sans peine que l'économie de croissance s'enferre dans une crise sans issue.

Inaccessible plein-emploi

Dès lors, faute de purge appropriée (qui mettrait définitivement par terre la société française), le taux d'investissement des entreprises est demeuré à des niveaux très faibles. Et, pour les investissements productifs qui sont encore réalisés, la pression à la productivité du travail atteint des niveaux de plus en plus insupportables pour les salariés [4]. De plus, le plein développement des techniques numériques de l'information et de la communication (TNIC) favorise encore davantage un tel mouvement notamment dans le secteur des services marchands. Faible croissance économique et

---

4 La productivité par tête a augmenté de 45 % dans le secteur manufacturier en France entre 1999 et 2009. Source : Insee cité *in* Centre confédéral d'étude économique et social/CGT, « Cinq priorités pour une politique industrielle », *Note économique*, n° 123, février 2009, p. 6.

course aux gains de productivité : les conséquences pour l'emploi sont désastreuses.

Les États ont joué, vaille que vaille, le rôle d'amortisseur de la crise de l'économie de croissance, mais au prix de niveaux d'endettement de plus en plus inquiétants. Ils ne peuvent dès lors plus guère favoriser l'emploi public, à l'origine de très nombreuses créations d'emplois dans l'après-guerre. Le caractère dorénavant explosif de la dette publique après les soutiens à l'économie pour faire face au krach de 2008 pousse au contraire à l'adoption du dogme du « non-remplacement d'un fonctionnaire partant en retraite sur deux ». Et, là encore, les pressions à la productivité se renforcent y compris dans des métiers qui pouvaient s'en croire protégés. Ainsi, après la généralisation des cartables électroniques et autres « mises en réseau du savoir », il est peu douteux qu'un rectorat d'académie innovant décidera prochainement que seule une poignée d'enseignants qualifiés demeurera nécessaire sur son secteur : les cours seront mis en ligne sur le réseau électronique, les élèves les téléchargeront chez eux sur leur ordinateur personnel qui leur servira également à faire leurs devoirs (avec branchement de webcam de surveillance et mouchard électronique afin de s'assurer de l'absence de tricherie). Ils enverront par mail les réponses à un QCM, qui seront immédiatement traitées par un programme *ad hoc*. Pourquoi donc continuer à payer pour des collèges, des lycées, du personnel administratif, des enseignants, alors que la dette publique devient insupportable ? Alors que nous entrons dans l'ère nouvelle des technologies de la connaissance, pourquoi s'évertuer à rencontrer physiquement des profs et d'autres êtres humains alors que tout est à une portée de clic informatique ? Quel heureux hasard : les règles du renvoi de la fonction publique sont précisément en train d'être assouplies... *Exit*, l'emploi public.

Mais alors quelles sont les seules options qui demeurent pour créer de l'emploi dans une économie marchande ? Tout d'abord, il faut détruire la norme de l'emploi qui s'est progressivement mise en place dans l'après-guerre. La plupart des emplois créés sont aujourd'hui des CDD, des emplois intérimaires, du temps partiel contraint [5], des « emplois aidés » (inventés par la gauche au pouvoir au milieu des années 1980). Ceux-ci, précaires et souvent non qualifiés sont sous-payés, ce qui explique que 7 % des salariés (souvent des femmes) ont des revenus inférieurs au seuil de pauvreté [6]. De tels emplois permettent fort opportunément de « nettoyer » les statistiques du chômage et faire croire que la création d'emploi continue « comme avant ». En 1997, le Commissariat général du plan évaluait déjà à 6,9 millions le nombre de personnes en situation de sous-emploi dans notre pays [7]. Au même moment, le nombre officiel de demandeurs d'emploi (au sens du Bureau international du travail) était d'un peu plus de 2,5 millions de chômeurs... Cet écart entre les chiffres officiels et la réalité du sous-emploi n'a cessé de se creuser comme le montre l'association Les Autres chiffres du chômage (ACDC) [8].

Le développement du secteur dit « de service à la personne » se révélera parfaitement adapté pour accueillir de tels « emplois ». De quoi s'agit-il ? Tout simplement d'une nouvelle forme d'emplois domestiques à propos desquels le « père de l'économie politique », le libéral Adam Smith, montrait, il y a plus de deux cents ans – dans le chapitre 3 du Livre II de *La Richesse des nations* – qu'il était « improductif », ne permettait

---

5 En 2003, 30 % des femmes salariées travaillent à temps partiel en France, ce qui est dans la moyenne de l'Europe des 25 et très inférieur à de nombreux pays développés (Pays-Bas : 75 %, Royaume-Uni : 43 %... On comprend mieux avec de telles statistiques comment ces pays ont pu connaître le « plein-emploi »...) (Source : Eurostat 2004).

6 Source : Insee, *France, portrait social 2009* disponible à <http://www.insee.fr/fr>.

7 Commissariat général du plan, *Chômage : le cas français*, La Documentation française, Paris, 1997.

8 Collectif les autres chiffres du chômage, *Les Chômeurs invisibles*, 27 décembre 2006.

pas l'accumulation du capital... Dans ces conditions est-il vraiment exagéré de considérer que nous sommes face à une crise majeure des catégories de l'économie de croissance ?

Mais alors existe-t-il aujourd'hui, *un seul* scénario, même à peine crédible (et en laissant de côté toute problématique écologique), qui modélise la possibilité de retrouver des taux de croissance économique proches de ceux des années 1950-1970 ? Pas un seul. Les meilleurs économistes alertent au contraire sur la suraccumulation de capital, lequel ne sait littéralement plus où s'employer pour être rentable [9] – et va nourrir de nouvelles bulles spéculatives et dévaster de nouveaux territoires, tels les terres agricoles des pays du Sud.

Pourquoi la plupart des économistes savants continuent-ils de croire en la réalité du « déversement des emplois » si manifestement caduc ? Il n'y a qu'une seule explication : un tel discours permet de sauver la croyance en l'efficacité des mécanismes de l'économie de croissance et donc de renforcer encore l'injonction à toujours plus de soumission aux institutions de marché. Pour le dire autrement, en puisant aux meilleures sources de la novlangue : « Ce mécanisme [le "déversement créateur d'emploi"] est d'autant plus efficace et rapide à se mettre en place que les conditions d'un transfert fluide de la main-d'œuvre, du capital et de la demande entre les activités sont réunies [10]. » Toujours plus de « fluidité » de « flexibilité », en langage vulgaire « précarité » : voilà le seul et unique horizon promis par les dévots de la croissance...

Si une telle analyse de la destruction du travail est rarement portée par la gauche, c'est que celle-ci pointe la lourde responsabilité de l'« artificialisation du monde », c'est-à-dire

---

9 P. Artus et M.-P. Virard, *La Liquidité incontrôlable*, Pearson Éducation France, Paris, 2010. Il est vrai qu'ils vont puiser aux meilleures sources puisque le premier dirige la banque d'affaire Natixis, plongée jusqu'au cou dans les délires de l'économie spéculative.

10 Cours de Jean-Paul Fitoussi (2007), <http://www.supportscoursenligne.sciences-po.fr>.

du développement effréné des techniques au détriment du travail vivant des êtres humains. Car les enjeux sont lourds : peut-on avoir le « plein-emploi », une remise en cause du « libéralisme » *et* le plein développement des TNIC ?

Oui, répond la « gauche de la gauche », pour laquelle la solution au problème du chômage repose sur un mix « croissance économique/réduction du temps de travail (RTT) ». Selon cette approche, il importerait de mettre en œuvre une politique favorable au développement économique et industriel (essentiellement porté par les TNIC : Internet, nanotechnologies, mais également les traditionnelles bagnoles, centrales nucléaires et aéroports) couplée avec une baisse conséquente du travail hebdomadaire ou annuel effectif. Problème : les conséquences du passage aux 35 heures furent négligeables (quelques centaines de milliers d'emplois créés), notamment parce qu'il importait de réaliser la RTT en intégrant les contraintes de compétition marchande (hausse de la productivité, maintien des marges bénéficiaires, etc.), ce qui réduisait d'autant les créations de postes. De combien faudrait-il baisser le temps de travail légal et effectif pour les emplois à temps plein pour garantir une création d'emplois qui ferait significativement baisser le taux de chômage (soit la création nette de plusieurs millions d'emplois en quelques années) ? Sans doute d'au moins dix heures hebdomadaires, soit la semaine des « 25 heures » ou des « 20 heures ». Les institutions de l'économie marchande y résisteraient-elles ? On peut en douter pour plusieurs raisons.

D'abord, parce que, dans un tel contexte, les interrogations sur le sens à donner à son travail, étouffées pour l'heure par la peur du chômage et de la précarité, pourraient refaire surface. Et seraient susceptibles de remettre en cause la division technique impitoyable sur laquelle repose l'économie de croissance, et sans laquelle celle-ci ne peut survivre. À titre d'exemple, les réseaux des TNIC ou des transports reposent sur une division marchande du travail exacerbée, mondialisée, où chaque groupe de travail humain n'est qu'un chaînon fonctionnel dans la chaîne de production qui mobilise des ressources à l'échelle planétaire. Une forte réduction de l'emprise du travail dans nos existences individuelles aurait de grandes chances de faire éclater une telle organisation et disparaître ses marchandises les plus sophistiquées.

Une telle RTT est incompatible avec la logique d'accumulation du capital pour une deuxième raison, fondamentale. Nous avons déjà souligné que la suraccumulation du capital à l'échelle mondiale est d'ores et déjà insupportable. Or une RTT « décente » impliquerait une forte croissance de la part des salaires dans la valeur ajoutée, ce qui aurait pour conséquence de rogner encore davantage les sources de profit. Une catastrophe pour les masses de capitaux qui ne savent déjà plus comment s'employer pour être rentables et dont la destruction continue de menacer l'économie mondialisée. Eh bien, si une solide RTT constitue la voie pour une sortie du capitalisme, c'est une bonne nouvelle diront certains ! Certes. Mais, pour les objecteurs de croissance, c'est oublier que c'est aussi la fin des modes de consommation que l'économie de marché autorise.

On comprend peut-être alors pourquoi il est assez piquant d'entendre les divers partisans de l'économie de croissance accuser les objecteurs de croissance de vouloir propager chômage et destruction d'emplois. Car la destruction massive du travail vivant dans nos sociétés occidentales est le résultat direct, logique, attendu du développement économique qui repose sur la recherche de compétitivité, la croissance de la productivité, le remplacement du travail vivant par les « machines ». C'est pourquoi, en France, entre la fin du XIXe siècle et le début du XXIe, le nombre total d'heures ouvrées annuellement a chuté d'environ 40 % (plus de 50 % par travailleur) [11].

---

11 P. Villa, *Un siècle de données macroéconomiques*, OCDE, Perspectives économiques, 2005.

Réhabiliter le travail humain

Dans ces conditions, les partisans de « toujours plus de croissance » ne disposent d'aucune stratégie crédible de « retour au plein-emploi » une fois que les baudruches du « déversement » et de la réduction du temps de travail se sont dégonflées.

Devant cette impasse, les partisans de la décroissance se contentent de dire deux choses :

– Il est insupportable que des êtres humains soient contraints de vivre dans l'extrême misère dans une société aux richesses concrètes inouïes. Favoriser une réappropriation directe de richesses (tels les logements vides ou les surplus de nourriture) est tout simplement une exigence morale *a minima*. Il en va de même pour la garantie de revenus décents hors emploi (*via* une sécurité sociale ou un « revenu d'existence »). Il s'agit alors de défendre la mise en place d'autres logiques monétaires que celle de la monnaie marchande.

– Une « économie écologique » ferait davantage appel au travail humain, elle impliquerait de relocaliser de nombreuses activités, soit une remise en cause de l'économie de croissance mondialisée et donc de certaines de ses plus clinquantes marchandises qui ne résisteraient pas à une telle évolution.

La revendication de décroissance économique vise une transition vers une société écologiquement soutenable. Si on veut vraiment conserver le vocabulaire du « progrès », celui-ci serait mesuré à l'aune d'autres critères (écologiques, sociaux) que celui de l'accumulation de valeurs monétaires. Pour cela, la transformation sociale recherchée suppose précisément la fin de la domination des institutions de croissance et de leur principal indicateur, le PIB. Confondre « récession économique » et « décroissance » relève donc de la confusion intellectuelle ou de la mauvaise foi. Les gains inouïs en termes de productivité du travail conduisent à une destruction massive du travail humain, à une dégradation de sa qualité et de son efficacité écologique (*cf.* ci-dessous). Comment les conséquences sociales n'en seraient-elles pas dramatiques ?

Dans une économie de croissance, l'efficacité se mesure par les gains de productivité du travail. C'est pourquoi les biens et services industriels éliminent progressivement les activités artisanales – comme l'avait vu Marx, qui y voyait un progrès : le recul des « corporations » au profit de la « coopération » industrielle. Or l'exploitation des ressources naturelles, renouvelables ou non, à la base de l'industrialisation conduit à un effondrement de la biodiversité et de la productivité écologiques (*cf. infra*).

Une société de décroissance qui s'interdirait le recours à certaines techniques de production particulièrement nuisibles impliquerait à l'inverse un recours croissant au travail humain [12], lequel pourrait être contrebalancé par une réduction significative des besoins de consommation aux conséquences particulièrement nuisibles sur le plan environnemental. Que les syndicalistes qui redoutent les pertes d'emplois se rassurent : une décroissance économique impliquerait très vraisemblablement un recours massif au travail dans les domaines du transport (collectif), de l'énergie (renouvelable), de l'habitat (isolation), de l'agriculture (petites exploitations en agriculture biologique), etc. C'est ce point que tentent de quantifier certaines recherches : selon l'étude du WWF la réduction des gaz à effet de serre de 30 % d'ici 2020 créerait plus de 680 000 postes de travail supplémentaires en France, ce qui est loin d'être négligeable [13]. À la différence d'une prétendue « relance verte » de la croissance, une décroissance s'opérerait :

---

12 Nous ne présenterons pas ici la controverse « travail »/« activité », et en resterons volontairement à une acception très large du travail, incluant ce que certains auteurs dénomment « activité ».

13 <www.wwf.fr>.

– *via* une très importante relocalisation des activités – qui ne serait évidemment pas « totale » –, aucun objecteur de croissance ne vise une quelconque « autarcie » (qui n'a d'ailleurs jamais existé) ;

– en substituant du travail au capital, soit une *réduction* de la productivité du travail afin de réduire l'exploitation économique des êtres humains et des ressources naturelles ;

– dans un contexte de forte réduction de la consommation finale des ménages et des administrations – ce qui poussera, en sens inverse, à une réduction des besoins en travail, pour rassurer les lecteurs du *Droit à la paresse* de Paul Lafargue (1881) ;

– dans des conditions de mise au travail plus démocratiques (partage du temps de travail et de la pénibilité des tâches, remise en cause de la propriété du capital, « euthanasie des rentiers » pour reprendre la célèbre formule de Keynes) et donc avec une réelle réflexion sur la qualité et les finalités du travail, qui fait particulièrement défaut dans la période actuelle.

De telles propositions sont parfaitement inaudibles pour la quasi-totalité des économistes. Et ce pour une raison simple : comme économistes, ces derniers mobilisent des instruments théoriques inadaptés dans une situation de crise écologique généralisée – d'où la tentation permanente d'en relativiser l'importance lorsqu'il n'est plus possible de la nier. Ainsi, les économistes vont généralement considérer que les « gains de productivité » constituent une mesure correcte de l'efficacité d'un mode de production donné. Or, sur ce point comme sur beaucoup d'autres, les instruments de mesure de la « science économique » démontrent une évidente imperfection.

En économie, la productivité mesure un rapport entre une quantité produite (par exemple un nombre de voitures) et un « facteur de production » (par exemple le nombre d'heures travaillées pour les produire). La productivité peut être exprimée sous forme physique (1 heure de travail produit x voitures) ou en valeur monétaire (1 000 euros de coût du travail sont à l'origine de x milliers d'euros de chiffre d'affaires). C'est fondamentalement cette dernière qui est pertinente pour une économie marchande, guidée par la maximisation des valeurs monétaires.

Quoique le vocabulaire soit parfois proche, la science écologique mobilise de tout autres indicateurs. La « productivité écologique » mesure une vitesse de production exprimée en quantité de matière organique produite par unité de surface et unité de temps (on parlera par exemple de la productivité annuelle d'une prairie, mesurant l'importance de la vie organique du sol, la croissance et le poids des végétaux). La notion d'« efficacité écologique » estime quant à elle la transmission de l'énergie d'un niveau d'une chaîne alimentaire au suivant. Elle est mesurée par le rapport entre l'énergie consommée par un organisme et le travail mécanique que celui-ci est en capacité de fournir.

L'exemple du secteur agricole montre clairement la contradiction existant entre les indicateurs économiques de performance et les indicateurs d'efficacité et de productivité écologiques. Selon qu'on suivra les uns ou les autres, les résultats souhaités divergeront fondamentalement. L'agriculture moderne, extrêmement intensive, se caractérise par des niveaux de productivité physique très élevés – celle-ci a été multipliée par 10 entre 1960 et 2000 en France [14] –, raison pour laquelle l'agriculture paysanne a pratiquement disparu. Une telle situation conduira immanquablement un économiste à conclure au caractère hautement désirable d'une telle agriculture, seule capable de « nourrir le monde » car très productive.

Or cette même agro-industrie apparaît d'une totale inefficacité écologique : à l'origine d'un gaspillage inouï d'énergie

---

14 F. de RAVIGNAN, *La Faim pourquoi ?*, *op. cit.*

(essentiellement des matières fossiles : carburants et intrants agricoles) pour nourrir (de plus en plus mal sur le plan de la qualité) les habitants des pays occidentaux. Les rapports entre unités de nourriture et unités d'intrants d'origine chimique (engrais, produits phytosanitaires) sont 60 fois plus élevés dans les polycultures traditionnelles que dans les monocultures industrielles [15]. Vandana Shiva rappelle que pour produire 100 unités de nourriture, il faudra 5 unités d'intrants dans un système de polyculture, contre 300 en monoculture industrielle [16]. Il a été calculé que nourrir une population de 5 milliards d'êtres humains en généralisant les techniques occidentales supposerait de consacrer la totalité des réserves pétrolières connues à l'alimentation, lesquelles se trouveraient épuisées en quelques années [17].

L'agriculture industrielle détruit la vie à grande échelle comme l'avait annoncé dès 1962 la grande écologiste états-unienne Rachel Carson. Quatre-vingt-dix pour cent de la vie microbienne des sols serait détruite par l'agro-industrie et seul l'usage excessif d'engrais et de pesticides pour protéger les plantes permettrait de garantir encore les récoltes, signe de l'effondrement de la productivité écologique [18]. C'est même « la destruction de la biodiversité qui est la cause première des carences en vitamines et de la malnutrition » dans les pays pauvres [19], l'alimentation devenant plus pauvre et moins variée. Un récent rapport de la FAO note ainsi : « Les systèmes

---

15 F. Bray, « Agriculture for the developing nations », *Scientific American*, juillet 1994, p. 33-35.

16 V. Shiva, *Globalisation of Agriculture and the Growth of Food Insecurity*, RSFTE, RFSTNRP, Delhi, 1996.

17 D. Pimentel et W. Dazhong, « Technological change in energy use in US agricultural production », *in* Ronald C. Carroll, J. H. Vandermeer, P. M. Rosset (dir.), *Agroecology*, McGraw-Hill, 1990, p. 147-164. J.-P. Berlan, « Les OGM, la faim et l'Académie des sciences », *L'Écologiste*, n° 7 ; juin 2002.

18 C. et L. Bourguignon, *Le Sol, la terre et les champs. Pour retrouver une agriculture saine*, Sang de la terre, Paris, 2008.

19 V. Shiva, *Le Terrorisme alimentaire*, *op. cit.*

traditionnels alimentaires des peuples indigènes utilisent l'ensemble du spectre de la vie, ce que ne parviennent pas à faire les systèmes modernes. Les développements technologiques de l'agriculture, au cours des six décennies d'existence de la FAO, ont entraîné de grandes coupures entre les peuples et leur alimentation. La mondialisation et l'homogénéisation ont remplacé les cultures alimentaires locales. Les récoltes à haut rendement et la monoculture ont pris la place de la biodiversité. Les méthodes agricoles industrielles à forts intrants ont dégradé les écosystèmes ainsi que les zones d'agro-écologie. Enfin, l'industrie alimentaire moderne a conduit à des maladies chroniques liées au mode d'alimentation et d'autres formes de malnutrition [20]. » L'application de la logique de croissance économique à l'agriculture débouche sur une impasse sociale et écologique mondiale. Et il est de moins en moins de monde pour nier l'évidence. Pour les objecteurs de croissance, ce diagnostic peut être étendu bien au-delà du seul secteur agricole et remet en cause le cœur du modèle d'accumulation monétaire.

Et le marché dans tout ça ?

Les différents courants du mouvement de la décroissance s'opposent sur le rôle que pourraient continuer à jouer les institutions de l'économie de marché – dont l'État – dans le processus de décroissance économique appelé de leurs vœux.

Les écologistes (favorables ou non à la décroissance) ont toujours défendu la pertinence de l'initiative individuelle à

---

20 FAO et Centre for indigenous peoples'nutrition and environment, *Indigenous Peoples'Food Systems : the Many Dimensions of Culture, Diversity and Environment for Nutrition and Health*, Rome 2009. La citation traduite est tirée du travail de F. Nicolino, disponible sur *http://fabrice-nicolino.com*.

l'origine de la création d'échanges marchands favorables à une économie écologique : agriculture biologique, banques alternatives, coopératives, etc. Dans le même temps, si on considère que l'économie marchande – définie comme système de marchés interdépendants sur lesquels règne une compétition en vue de l'accumulation maximale de valeur monétaire et dont le fonctionnement est garanti par l'intervention forte des États – ne peut fonctionner qu'au prix d'une croissance désormais insoutenable de la pression humaine sur les écosystèmes naturels, alors les mouvements de la décroissance se rangent résolument dans le camp de l'anticapitalisme. Ils le font toutefois, nous l'avons vu, sur des bases bien différentes de celles des gauches « radicales ». Dès lors, la question fondamentale est : peut-il continuer d'exister des marchés, des marchands, donc des échanges de monnaie à même de garantir une décroissance des échanges économiques ?

Certains travaux tendent à répondre par la négative à cette question. La crise écologique est tout entière provoquée par la contradiction entre la base matérielle du vivant et les formes institutionnelles du capitalisme, elles-mêmes en bout de course [21]. Selon cette approche, c'est la création de valeur monétaire comme fin en soi du système marchand qui pousse à la multiplication délirante de « valeurs d'usage » (dont il importe en permanence de susciter les besoins *via* le système publicitaire) afin d'enrayer la chute des profits. En ce début de XXIe siècle, dans un contexte de crise généralisée du capitalisme, il serait totalement illusoire de penser conserver des institutions aussi fondamentales que l'échange marchand et les institutions monétaires actuelles, tout en les encadrant en vue de les « diriger » conformément à une perspective de décroissance.

---

21 A. Gorz, « Crise mondiale, décroissance et sortie du capitalisme », *loc. cit.*

Cette critique de type marxien, rejoignant les travaux désormais classiques d'anthropologie sociale[22], rappelle que des formes sociales très variées permettaient (et permettent encore) d'assurer la circulation des biens et services nécessaires aux communautés humaines, sans pour autant déboucher sur les institutions de l'économie marchande. Une telle perspective, qui ne confond pas Marx avec ses exégètes « progressistes », croise parfois des travaux qui considèrent que nous aurions beaucoup à apprendre des peuples ayant échappé, jusqu'à présent, à l'industrialisation[23]. Le courant « culturaliste » de la décroissance appelle ainsi une « déséconomisation » des sociétés humaines, soit l'émancipation vis-à-vis des institutions marchandes qui seule ouvrirait la voie à une société écologiquement soutenable.

Moishe Postone, dans une analyse originale et trop peu remarquée, a montré de manière convaincante que l'abolition du profit n'impliquait nullement l'abolition de la valeur[24]. Dans une lecture originale du Marx de la maturité, il affirme que le point clé de l'argumentation de Marx est le travail, comme médiation historiquement spécifique mise en place par le capitalisme. Il se rapproche des mouvements de la décroissance en affirmant qu'en défendant le travail, les marxistes et la plupart des mouvements ouvriers ont défendu le « petit-embourgeoisement », dans la mesure où avec cette forme spécifique de travail vient une forme de richesse qui lui est indissolublement liée.

Cette analyse de Postone renouvelle la distinction que le « marxisme traditionnel » (selon sa propre expression) fait entre la « valeur d'usage » (ce à quoi la marchandise peut

---

22 M. Sahlins, *Âge de pierre, âge d'abondance. L'économie des sociétés primitives* [1972], Gallimard, Paris, 2003 ; P. Clastres, *La Société contre l'État*, Minuit, Paris, 1974.

23 J. Malaurie, *Les Derniers Rois de Thulé* [1955], Plon, Paris, 1996 ; *Terre Mère*, CNRS Éditions, Paris, 2008 ou S. Latouche, *Décoloniser l'imaginaire. La pensée créative contre l'économie de l'absurde*, Parangon, Lyon, 2005.

24 M. Postone, *Temps, travail et domination sociale*, *op. cit.*

servir) et la « valeur d'échange » (ce contre quoi la marchandise peut être échangée). Le marxisme traditionnel entend abolir la valeur d'échange pour restaurer la valeur d'usage [25]. Le problème est qu'il ne précise pas ce qu'il entend par « valeur d'usage » et, dans les faits, soit il soutient explicitement l'usage de l'Internet mobile, de la voiture, etc. qu'il perçoit comme autant de progrès de la rationalisation du monde, soit, dans des courants très minoritaires tels que l'écosocialisme, il reprend certaines valeurs d'usage revendiquées par les mouvements écologistes (produits biologiques, villes sans voitures, etc.) tout en incluant aussi des valeurs d'usage « modernes » (médecine de pointe, Internet, etc.), sans réellement se demander si l'un est compatible avec l'autre, ni quelles valeurs sont au fondement de la société susceptible de les produire.

John Bellamy Foster est un exemple typique de cette seconde tendance. Foster affirme par exemple que science et technique modernes ont révolutionné l'attitude « infantile » de l'homme envers la nature [26] – mais alors doit-on comprendre que *toutes* les techniques mises au point par cette science « moderne » sont des « progrès », y compris celles qui, précisément, détruisent la nature ? De plus, Foster estime que Marx a eu raison de définir l'être humain comme un « *tool making animal* [27] » [28]. Une telle position ne peut conduire qu'à la conclusion suivante : la société qui est parvenue au degré le plus avancé de civilisation, c'est la société capitaliste contemporaine...

Quand Foster critique le capitaliste « vert », c'est pour regretter que le marché n'accepte pas les « hypercars », ces voitures high tech construites avec des matériaux composites

---

25 Telle est par exemple la position de Jean-Marie Harribey.

26 J. B. Foster, *Marx's Ecology. Materialism and Nature*, Monthly Review Press, New York, 2000, p. 125.

27 *Ibid.*, p. 202.

28 *Ibid.*, p. 217.

très légers et des moteurs bourrés d'électronique pour parvenir à consommer le minimum [29]. Pourtant l'« hypercar » est un produit qui ne peut être issu que d'une société disposant d'un degré élevé de capital et de concentration de la production, deux caractéristiques fortement antiécologiques, antidémocratiques et inégalitaires. La décroissance fournit, à l'inverse, toutes les raisons permettant de penser que l'« hypercar » est une impasse, et elle se scandalise qu'on puisse juger du degré de civilisation d'un peuple uniquement à l'aune de sa capacité à travailler les métaux, comme l'affirme John B. Foster. Ce qui caractérise le sujet écologiste ou démocrate n'est justement pas d'être un « *tool making animal* », propriété que l'être humain a du reste en partage avec d'autres animaux. Le sujet écologiste se perçoit comme membre d'une communauté biotique et le sujet démocratique comme membre d'une communauté symbolique (le *demos*).

Une telle perspective suppose au fond que les sociétés humaines se trouvent en mesure de régler leurs échanges autrement que par un système de marchés ou une étatisation généralisée, tous deux ayant fait la preuve de leur échec, en particulier sur le plan des libertés humaines. Il est bien évident que pour l'heure nul n'entrevoit quelles formes pourrait prendre une économie d'entraide et de réciprocité sur une grande échelle. Plus largement, l'objectif pour de nombreux partisans de la décroissance, au-delà de la question des régulations que nous discuterons plus loin (chapitres 9 et 10), est la décroissance des échanges marchands pour dégager du temps libre qui permettrait

29 J. B. Foster, *Ecology Against Capitalism*, Monthly Review Press, New York, 2002, p. 38.

l'expérimentation sociale (monnaies locales, cercles de coopération de type Système d'échange local, autoproduction, etc. [30]). Dans cette optique, contre la logique de marché, il est essentiel de desserrer la contrainte de rentabilité et de productivité en faisant croître des relations d'entraide les plus nombreuses et variées possible.

30 *Cf.* A. Gorz, *Misères du présent, richesse du possible*, Galilée, Paris, 1997.

8

La décroissance concerne-t-elle les pays du Sud ?

OÙ IL APPARAÎT QUE LA MONDIALISATION MONTRERAIT UNE BIEN MEILLEURE FIGURE SI L'« OCCIDENT » PRENAIT AU SÉRIEUX LES CHOIX DE VIE DES « SOUS-DÉVELOPPÉS »

En matière de relations internationales, les différents mouvements favorables à la décroissance sont souvent confrontés à l'objection suivante : les pays occidentaux pourraient éventuellement se permettre une « cure d'amaigrissement », rendue nécessaire par la situation écologique, mais ce discours est intenable pour les sociétés « non » ou « mal développées » dont les populations réclameraient aujourd'hui, et à juste titre, leur « part du gâteau ». Au nom de quoi refuserions-nous aux Chinois, aux Burkinabés, aux Yanomamis et aux autres la possibilité de posséder deux voitures par foyer et la climatisation dans leurs maisons ? La question fait dorénavant partie des interpellations récurrentes auxquelles doit répondre toute personne simplement dubitative face aux bienfaits de la société de croissance.

Malentendus

Une objection plus complète, avancée par les économistes libéraux (mais qui pourrait l'être aussi bien par des marxistes), renverse même entièrement la perspective et considère qu'au nom des intérêts du « tiers monde », les sociétés occidentales n'auraient pas moralement le droit de s'engager dans la voie de la décroissance. Considérant en effet que le développement continu des « riches » favorise le développement des « pauvres », amenés tôt ou tard à parcourir la même séquence historique, un coup de frein de l'Occident « gèlerait » la répartition actuelle de la richesse et maintiendrait les pays du Sud dans la pauvreté. Le « fardeau de l'homme blanc » serait donc de continuer à croître pour tirer hors de la misère les pauvres du « Sud ». Le même argument est d'ailleurs répliqué au sein des sociétés « riches » : la croissance économique est le seul moyen de réduire les inégalités sociales (argument de l'« ascenseur social ») ; les partisans de la décroissance critiquent la croissance, ils refusent donc la réduction des inégalités sociales – comme si, entre la croissance mortifère et les inégalités malthusiennes nous n'avions pas d'autre choix...

De la part de partisans de la croissance et du développement, de tels arguments ne sont pas une surprise. Toute critique, même timide, de l'ordre du monde dans lequel seront amenés à entrer, tôt ou tard, les peuples du monde entier s'apparente à une position réactionnaire, opposée à la marche du « progrès », des droits de l'homme et de la démocratie. Dès lors, la décroissance est réactionnaire et opposée à l'émancipation des peuples. Le raisonnement semble impeccable. En réalité, il est fallacieux et repose sur une lecture partielle des positions en place.

Pour commencer, regardons le profil des sympathisants de la décroissance. De nombreux auteurs « du Nord » proches ou ouvertement favorables à la décroissance se sont fait connaître par leur attention portée à la situation des populations dites « sous-développées » (F. de Ravignan, S. Latouche, F. Partant, la revue *The Ecologist*, etc.) et ont collaboré avec des intellectuels et militants « du Sud » (Vandana Shiva, Arundhati Roy, Chico Mendès, etc.). Défenseurs de l'autonomie des peuples du Sud depuis toujours, il faudrait au moins expliquer pourquoi ils se seraient brutalement rangés du côté de l'ordre établi. De plus si la décroissance était si scandaleuse du point de vue de la solidarité internationale, les associations spécialisées dans le domaine auraient dû être les premières à la dénoncer. Or les mouvements en question tels que le Comité catholique contre la faim et pour le développement (CCFD) ou encore le Centre de recherche et d'information pour le développement (CRID) n'ont pas ressenti le besoin de multiplier les mises en garde contre l'idée de décroissance, au contraire, S. Latouche et les auteurs de ce livre ont fréquemment été invités à intervenir pour exposer des idées qui ont été jugées tout à fait dignes d'intérêt. De plus, l'idée de décroissance intéresse certains personnalités au Sud, comme Rohan D'Souza, un politiste membre du Parti communiste indien qui s'emploie à une relecture progressiste de Gandhi, et auteur de travaux marxistes sur la gestion des inondations à l'époque coloniale [1]. Si des auteurs tels que Rohan D'Souza ne sont pas plus majoritaires dans leur pays que ne le sont les objecteurs de croissance en France, cet intérêt existe bel et bien, et ne vient pas d'obscurs groupuscules ou sectes vivant dans les forêts.

Sur le plan des idées, ensuite, aucun partisan de la décroissance ne s'est jamais prononcé en faveur d'une décroissance homothétique des consommations de ressources (consommation finale, consommations intermédiaires ou investissement) sur l'ensemble des territoires du globe comme certains leur en prêtent l'intention. On ne trouvera aucun propos aussi absurde dans les textes et déclarations des objecteurs de croissance, qui sont favorables (comme d'autres) à l'*augmentation* des rations alimentaires, et de bien d'autres choses, du milliard de personnes souffrant de

1 R. D'Souza, *Drowned and Dammed : Colonial Capitalism and Flood Control in Eastern India*, Oxford University Press, 2009.

la faim à travers le monde et des quelque 4 milliards d'êtres humains qui vivent dans des conditions matérielles difficiles, voire indignes. Ils mettent en outre l'accent sur la nécessité d'une réduction massive des inégalités mondiales, notamment dans le domaine écologique, à la différence de toutes les théories du développement existantes. Ils défendent enfin la question de l'autonomie politique et culturelle des populations plus qu'un nouveau programme économique.

S. Latouche a créé une petite polémique en écrivant dans *Le Monde diplomatique* un article intitulé « Et la décroissance sauvera le Sud » (novembre 2004)[2]. Le titre pouvait en effet laisser penser qu'il appelait les pauvres à décroître au sens économique du terme. Il fallait pourtant beaucoup de surdité, sinon de mauvaise foi pour comprendre cela à la lecture de cet article. Pour S. Latouche, la croissance est omniprésente dans la tête d'une grande partie des peuples du Sud, en particulier de leurs décideurs, de leurs élites, et ce avec des conséquences souvent encore plus dramatiques qu'au Nord sur l'autonomie politique et culturelle des populations. Pour S. Latouche, non seulement « la décroissance au Nord est une condition d'épanouissement de toute forme d'alternative au Sud[3] » mais « de deux choses l'une : ou bien on demande aux pays intéressés ce qu'ils veulent, à travers leurs gouvernements ou les enquêtes d'une opinion manipulée par les médias, et la réponse ne fait aucun doute, [...] ce sont des climatiseurs, des portables, des réfrigérateurs et surtout des "bagnoles". [...] Ou bien on écoute le cri du cœur de ce paysan guatémaltèque : "Laissez les pauvres tranquilles et ne leur parlez plus de développement"[4] ». « Ce qu'on continue d'appeler aide n'est

2 S. Latouche, « Et la décroissance sauvera le Sud... », *Le Monde diplomatique*, novembre 2004.

3 *Ibid.*

4 *Ibid.*

qu'une dépense destinée à renforcer les structures génératrices de la misère. Par contre, les victimes spoliées de leurs vrais biens ne sont jamais aidées dès qu'elles cherchent à se démarquer du système productif mondialisé pour trouver des alternatives conformes à leurs propres aspirations [5]. » Et d'ajouter : « Il ne s'agit en aucun cas de faire l'éloge sans nuance de l'économie informelle [6] », il s'agit de « rompre avec la dépendance économique et culturelle vis-à-vis du Nord. Renouer avec le fil d'une histoire interrompue par la colonisation, le développement et la mondialisation. Retrouver et se réapproprier une identité culturelle propre [7] ». « L'objectif d'une vie bonne se décline de multiples façons selon les contextes. En d'autres termes, il s'agit de reconstruire/retrouver de nouvelles cultures. S'il faut absolument lui donner un nom, cet objectif peut s'appeler *umran* (épanouissement) comme chez Ibn Khaldun, *swadeshi-sarvodaya* (amélioration des conditions sociales de tous) comme chez Gandhi, *bamtaare* (être bien ensemble) comme chez les Toucouleurs [8]. » Cette multiplicité n'interdit nullement la reconnaissance de droits humains, elle vient simplement souligner que les droits n'existent pas indépendamment d'un ordre juridique, lequel doit permettre l'exercice collectif de l'autonomie, ce qui ne peut avoir lieu si on commence *a priori* par décréter que seuls les « développés » savent ce qui est bon pour les autres.

Croire que de tels propos n'ont *aucune* résonance au Sud est une erreur profonde. S. Latouche rejoint en effet un champ de réflexion récent, nommé « études postcoloniales ». Ce champ est né de la désillusion qui a suivi la période des nationalismes puis de la « modernisation », laquelle était

---

5 M. Rahnema, *Quand la misère chasse la pauvreté, op. cit.*, p. 268.

6 Serge Latouche, « Et la décroissance sauvera… », *loc. cit.*

7 *Ibid.*

8 *Ibid.*

inspirée aussi bien de l'Union soviétique que de l'Europe ou des États-Unis. La joie consécutive à la libération nationale et l'énergie mise à « se moderniser » pour « rattraper » l'Occident et démontrer au colon que son infériorité n'est pas congénitale ont laissé la place à un questionnement sur l'identité nationale – d'où notamment la montée des partis « indigènes » dont certains, tel celui du Bolivien Evo Moralès, sont arrivés au pouvoir. Les intellectuels du Sud cherchent une voie pour se penser entre occidentalisation pure et simple et traditionalisme entendu comme un authentique retour en arrière [9]. La modernité est au cœur de ces débats, les oppositions moderne/tradition, science/mythe, séculier/religieux, etc. sont critiquées pour leur simplisme et pour leur dépendance envers une vision occidentale du monde.

L'Inde est un bon exemple : alors qu'une partie de la population s'est intégrée à la classe moyenne mondiale, près de 70 % de la population n'a presque rien vu changer dans ses conditions de vie, excepté l'accroissement de l'encombrement sur les routes, les déplacements de population liés aux grands travaux (barrages, etc.), ce qui alimente une guérilla maoïste d'orientation politique fortement anti-industrialiste, les Naxalites, qui a le soutien massif des populations locales, en particulier des « tribus » ou Adivasis (« habitants originels » en sanskrit). Ces peuples qui ne sont pas de confession hindoue représentent plus de 8 % de la population, soit 70 millions de personnes (et jusqu'à 90 % dans certains États du Nord-Est). Les raisons d'une telle violence ne sont pas principalement d'ordre économique : avant tout, les populations adivasis ne se reconnaissent pas dans l'Inde telle qu'elle est représentée par le gouvernement central [10]. Les différentes

9 Voir notamment la revue *Postcolonial Studies*.

10 S. Chakravarti, *Red Sun : Travels In Naxalite Country*, Penguin Books India, Delhi, 2008.

tentatives de « développement économique » menées par le gouvernement ont d'ailleurs été activement combattues par les Naxalites. Les Adivasis ainsi que d'autres composantes de l'Inde, les musulmans, les basses castes, etc. sont en lutte pour « retrouver leur soi », comme le suggère le psychosociologue à succès Ashis Nandy [11], figure de proue du postcolonialisme et du postmodernisme indiens. A. Nandy est ainsi l'auteur d'un « Manifeste antisécularisme », dans lequel il explique que les conflits entre « communautés religieuses » en Inde sont en grande partie provoqués par la volonté forcenée du gouvernement d'imiter le sécularisme à l'occidentale, lequel est dépendant de particularismes locaux qui sont profondément étrangers à la réalité indienne.

À bien des égards, cette remise en cause de la modernité fait écho à Gandhi, à qui elle se réfère souvent, pour qui l'enjeu de l'indépendance indienne n'était pas seulement de « se gouverner soi-même » au sens où les Indiens deviendraient eux-mêmes les auteurs de la modernisation de leur nation. Pour Gandhi, si la « *Home Rule* » devait se contenter d'aboutir aux mêmes résultats, notamment coloniaux, que ceux des Anglais, aux détails exotiques près, alors autant laisser les Anglais en poste en Inde [12]. C'est sur cette ligne que Gandhi critiquait les « Extrémistes », cette frange du Parti du Congrès, le parti nationaliste indien, qui voulait, à l'imitation des Anglais, prendre le pouvoir par les armes et moderniser le pays.

Gandhi affirmait au contraire que le problème n'est pas un problème de nationalité, mais un problème de culture. Il souhaitait avant tout un « gouvernement de soi » conforme

11 A. Nandy, *The Intimate Enemy : Loss and Recovery of Self Under Colonialism*, Oxford University Press, Delhi, 1983 ; *Exiled at Home*, Oxford University Press, Delhi, 2008 ; *Science, Hegemony and Violence : A Requiem for Modernity*, Oxford University Press, Delhi, 1990.

12 M. K. Gandhi, *Hind Swaraj and Other Writings*, Cambridge University Press, New Delhi, 1997.

aux valeurs dont l'Inde estimait pouvoir être fière, en particulier la non-violence (*ahimsa*). Il souhaitait que la nation (*praja*) indienne explore une autre voie culturelle que celle des Anglais, une voie qu'il jugeait supérieure sur le plan moral. Et si certains Anglais jugeaient eux aussi cette voie supérieure, ils seraient les bienvenus. En revanche, s'ils persistaient à utiliser la violence, ils seraient repoussés, tout comme les Indiens qui utiliseraient ces mêmes moyens. Pour Gandhi, la non-violence impliquait aussi de combattre la vitesse excessive engendrée par les chemins de fer, génératrice de violence. Une économie non violente devait partir des villages et non d'un planificateur central. On sait ce que fit Nehru, pour qui « les barrages et les laboratoires [étaient] les temples de l'Inde moderne [13] ».

La modernisation à marche forcée des pays du Sud représente une version extrême de ce qui a eu lieu dans les pays industrialisés : les réseaux qui se mettent en place sont au service d'une petite partie de la population, qui s'enrichit et « se modernise » en dépossédant une partie importante de la population, qui se trouve reléguée dans les bidonvilles, transformant peu à peu le monde en « bidonville global » [14]. Le grand historien indien Ramachandra Guha a d'ailleurs proposé une analyse très proche, avec l'écologue Madhav Gadgil, en expliquant comment les peuples vivant dans un équilibre relatif avec leur milieu sont peu à peu transformés en « réfugiés écologiques » sous la pression le plus souvent indirecte du mode de vie des « omnivores », qui engloutissent de grandes quantités de produits venus du monde entier [15]. On ne saurait mieux illustrer la victoire à la Pyrrhus que

---

13 S. Visvanathan, « Environmental values, policy, and conflict in India », Center for the Study of Developing Societies, Delhi, <http://www.cceia.org>

14 M. Davis *Le Pire des mondes possibles. De l'explosion urbaine au bidonville global*, La Découverte, Paris, 2006.

15 Ramachandra Guha et Madhav Gadgil, *Ecology and Equity*, Oxford University Press, UNRISD, 1995.

représente, en termes de progrès, cette émergence d'une classe moyenne moderne.

La décroissance en tant que telle n'a pas beaucoup de résonance au Sud. Mais les questions qu'elle pose, on le voit, sont aussi posées par le Sud. En allant dans les pays « sous-développés » et « prémodernes » on ne trouve plus, comme autrefois une population qui se répartirait entre « traditionalistes » et « modernistes ». La situation a changé. La décroissance est plus en phase avec ce nouvel état du monde que les pensées qui en restent à l'apologie de la modernité.

Une décroissance appauvrira-t-elle les pauvres ?

Ces préalables permettent de discuter de l'argument du « *trickle down effect* » (« effet de ruissellement ») à l'échelle globale : si les riches ne s'enrichissent pas, les pauvres ne seront-ils pas les premiers à faire les frais de ce manque à gagner ? Il y a deux versions de cet argument. Le premier est issu du marketing : dans un premier temps, les nouveaux produits commencent leur carrière comme produits de luxe qui ne sont accessibles qu'aux riches, puis le prix chute et « tout le monde » peut les acheter, soit un mouvement de démocratisation de la consommation, décrit par G. Simmel [16]. Le second est d'ordre économique : le « *trickle-down effect* » fut mis en avant dans le cadre des « *reaganomics* », la politique économique de l'administration Reagan et consistait à affirmer que les réductions d'impôts allaient relancer l'activité économique et finalement bénéficier à toute la société dans une proportion supérieure à ce qui se serait passé à fiscalité inchangée.

---

16 G. Simmel, « Fashion », *International Quarterly*, vol. 10, 1904, p. 130-150.

Le premier argument repose sur un anachronisme : les objecteurs de croissance estiment que ceux qui le soutiennent n'ont pas pris la mesure de la situation actuelle. L'observation de G. Simmel valait à une époque où le pétrole et les matières premières étaient abondants, les externalités environnementales de faible ampleur, la classe supérieure peu nombreuse et moins riche que de nos jours. Plus aucune de ces conditions n'est valable aujourd'hui. Les technologies de l'information sont peut-être les dernières à connaître la « loi de Simmel ». Dans le monde actuel, de plus en plus, ce que les riches peuvent obtenir, les pauvres ne l'obtiendront jamais – car les ressources sont irremplaçables. Le modèle de la zone pavillonnaire, par exemple, ne se démocratisera sans doute jamais. Par conséquent, pour que les pauvres soient plus riches, les riches devront être plus pauvres, c'est donc le bon vieux partage qui sera remis à l'ordre du jour – du moins est-ce ce que souhaitent les objecteurs de croissance. Là encore, c'est le fait d'avoir pris le temps de penser la nouveauté de la situation plutôt que répéter les leçons du passé qui a conduit les objecteurs de croissance à prendre la position qui est la leur aujourd'hui.

Le second argument (l'effet de relance liée à la défiscalisation des riches) a été activement combattu par les mouvements opposés au libéralisme avec de très bons arguments sur lesquels nous ne reviendrons pas [17]. Ce que l'objection de croissance ajoute, c'est que taxer les riches ne suffit pas, parce que cette option repose sur l'hypothèse (fausse) qu'il existerait encore des possibilités techniques qui permettraient à « tout le monde » de devenir matériellement aussi riche que les classes supérieures occidentales. Certains auteurs vont plus loin et montrent que la croissance des uns est d'ores et déjà *intégralement* causée par l'appauvrissement des autres ; ainsi, pour Alf Hornborg, la croissance se caractérise surtout par le

17 Attac, *Pauvreté et inégalités*, Mille et une nuits, Paris, 2006.

déplacement et la concentration des « biens » écologiques dans les grands centres économiques (pays développés), pendant que les « maux » sont au contraire renvoyés en périphérie – rejoignant ainsi, à nouveaux frais, la « théorie de la dépendance » fondée par Raul Prebisch [18]. Le cas des agrocarburants, un temps présentés comme la solution pour la pénurie d'énergie fossile est à cet égard exemplaire de ce qui se produit quand on se contente de jouer sur le « contenu de la production » et qu'on ne remet pas en cause les modes production et de consommation des sociétés « modernes » et « développées » ni, plus généralement, l'économie morale qui les sous-tend. La promotion des « bio »-carburants s'est en effet très rapidement traduite dans les faits par une croissance de la famine [19]. Stephan Tangerman, directeur de l'agriculture à l'OCDE, estimait que 60 % de la hausse de la demande quantitative mondiale en céréales et huiles végétales entre 2005 et 2007, période au cours de laquelle les prix ont explosé, était due aux biocarburants [20]. En Allemagne, où 16 % des surfaces de culture sont actuellement destinées à la production d'agrocarburants, le prix du malt a doublé en 2006, entraînant une hausse du prix de la bière [21]. Autre exemple des tendances en cours : du fait de la raréfaction des terres, réservées au Nord pour les parcs naturels à usage récréatif, les zones pavillonnaires ou les bœufs à usage alimentaire, les achats des terres vivrières des pays pauvres par des firmes multinationales du Nord se sont multipliés depuis 2004. Selon la FAO, 2,5 millions d'hectares ont été achetés en Éthiopie, à Madagascar, au Mozambique, au Kénya

---

18 A. Hornborg, « Footprints in the cotton fields : The industrial revolution as time. Space appropriation and environmental load displacement », *Ecological Economics*, n° 59, 2006, p. 74-81.

19 F. Nicolino, *La Faim, la bagnole, le blé et nous. Une dénonciation des biocarburants*, Fayard, Paris, 2007.

20 L. Ortiz, « Crise alimentaire : la Banque mondiale accable les biocarburants », *Libération*, 5 juillet 2008.

21 « Le prix de la bière augmente à cause des biocarburants », *Les Échos*, 19 avril 2007.

et au Soudan par des entreprises multinationales, et ainsi soustraites aux ressources locales[22]. Ce qui constitue l'aboutissement inhumain et logique du fonctionnement du marché mondial, fondé sur l'accumulation.

Il est fort probable que les riches refusent de partager et préfèrent leur bien-être matériel (peut-on encore parler de « bonheur » ?) égoïste. Mais en venir, pour cette raison, à défendre la croissance, même « non capitaliste » – expression oxymorique qui resterait à définir –, semble mettre bien bas la barre des revendications. Et le moins que l'on puisse demander à ceux qui continuent de revendiquer l'augmentation du « pouvoir d'achat », c'est d'en assumer toutes les conséquences. Les objecteurs de croissance défendent de tout autres choix. Et ce n'est plus seulement une question de confort matériel : c'est aussi, et peut-être surtout, la démocratie qui est en jeu. La poursuite indifférenciée de la croissance à l'échelle mondiale n'a absolument aucune chance de réduire les inégalités, du fait de la croissance rapide des risques et des effets négatifs qui lui sont associés. Seule une mise en cause globale de la priorité donnée à l'accumulation comme telle pourrait inverser les tendances.

Un modèle de décroissance universel ?

Les objecteurs de croissance proposent-ils un « nouveau modèle économique », comme a pu le faire Amartya Sen[23] ? La réponse est clairement non. La décroissance n'est pas une théorie complète de l'émancipation, qui fournirait une réponse à toutes les questions. Elle n'est surtout pas une « théorie économique ». Comme le disait S. Latouche, « répétons que la décroissance n'est pas un

---

22 Source : <http://farmlandgrab.org>.

23 A. K. Sen, *Un nouveau modèle économique*, Paris, Odile Jacob, 2000.

concept, au sens traditionnel du terme, et qu'il n'y a pas à proprement parler de "théorie de la décroissance" comme les économistes ont pu élaborer une théorie de la croissance. La décroissance est un slogan, lancé par ceux qui procèdent à une critique radicale du développement afin de casser la langue de bois économiciste et de dessiner un projet de rechange pour une politique de l'après-développement. En tant que telle, la décroissance ne constitue pas vraiment une alternative concrète, mais c'est bien plutôt la matrice autorisant un foisonnement d'activités. Il s'agit donc d'une proposition nécessaire pour rouvrir les espaces de l'inventivité et de la créativité bloqués par le totalitarisme économiciste, développementiste et progressiste [24] ».

L'enjeu est de rééquilibrer les prétentions sur le plan symbolique, dégager une place pour que des populations marginalisées puissent se faire entendre. Dans une approche non violente telle que celle que développait Gandhi, l'analyse conclut non pas seulement à une domination du Nord sur le Sud mais à une domination de tous par une idéologie du pouvoir et de la force, à remplacer, dans une perspective d'émancipation, par un souci du vivre-ensemble que Gandhi appelait le « *dharma* », entendu comme la religion universelle, l'ordre éthique sous-jacent à toutes les religions [25] – un ordre éthique fort différent de celui qui régit le comportement de l'*Homo economicus* et sa cosmologie.

Mais alors quel peut être l'idéal « de rechange » ? Doit-il être totalement « commun », « universel » ? C'est là que les choses se compliquent et que les courants de la décroissance peuvent diverger entre eux. La diversité des contextes qui existent de par le monde interdit de définir un programme politique général, valable dans tous les cas. Ici la priorité est la paix, là l'accès aux terres, là-bas la réduction des niveaux de

24 S. Latouche, « Et la décroissance sauvera... », *loc. cit.*
25 M. K. Gandhi, *Hind Swaraj and Other Writings, op. cit.*.

vie. Les revendications et les positions peuvent varier en fonction des conditions locales. Un second facteur est l'absence relative de démocratie mondiale : aussi est-il difficile de savoir ce que veulent vraiment, dans des contextes très divers, les peuples du monde entier, et de le distinguer de ce que veulent leurs représentants et leurs élites.

Savoir ce qu'on ne veut pas est plus facile que choisir ce que l'on veut parmi des alternatives parfois incompatibles. Aussi, pour de nombreux auteurs des courants culturalistes et démocratiques, la mouvance décroissance se présente-t-elle comme une critique globale de l'économie marchande et de l'industrialisation à marche forcée qui concerne tout aussi bien les populations du « Nord » que celles du « Sud ». Tout peuple entré dans l'« imaginaire de la croissance » a intérêt à en sortir. Ce type de réflexion peut croiser un renouveau (timide) de l'internationalisme comme les actions de l'Internationale paysanne Via Campesina, dont est membre en France la Confédération paysanne, qui regroupe des paysans du monde entier en lutte contre l'agro-industrie, la concentration de la propriété foncière... L'uniformisation marchande procède « d'une épuration éthique de tout le fait humain pour la totalité des peuples » comme le met en mots le collectif d'artistes, d'enseignants et d'écrivains des Antilles déjà cité, qui appartiennent au Sud géopolitique : « Il faut ouvrir en poétique, en décroissance, en sobriété [26]. » Comme critique de l'uniformisation marchande, la décroissance en appelle donc à une conscience universelle ou au « diversel », « l'harmonie des diversités préservées » car « le déficit en beauté est le signe d'une atteinte au vivant, un appel à la résistance » [27] qui appelle des réponses locales diverses à portée universelle.

---

26 E. Breleur, P. Chamoiseau, S. Domi *et al.*, *Manifeste pour les produits de haute nécessité*, *op. cit.*

27 P. Chamoiseau et É. Glissant, *L'Intraitable beauté du monde*, Gallimard, Paris, 2009.

D'une manière générale, ce qui est remis à l'ordre du jour est ce qui a été nommé, dans le passé, théorie de la « *self-reliance* », dont parlait le rapport remis par la Fondation Dag Hammarskjöld à la 7e assemblée générale des Nations unies en 1975 [28]. Le bien-fondé d'un approfondissement de l'échange et de la division du travail est mis en cause, quand bien même la dette, l'exploitation capitaliste et l'inégalité dans l'échange seraient abolies, car il devient contre-productif, dans certains cas, de chercher à échanger davantage.

C'est le sens des stratégies de « relocalisation » évoquées par les différents courants de la décroissance. Relocaliser peut être motivé de différentes façons : relocaliser, c'est retrouver une maîtrise collective sur son destin, c'est aussi utiliser des circuits plus courts, générant moins de transport et de pollution, etc. Chacune de ces raisons suffit à défendre la relocalisation, sans que les contours de celle-ci fassent l'unanimité au sein des objecteurs de croissance. Les mouvances favorables à la décroissance affirment souvent introduire de la diversité par rapport à l'uniformisation marchande d'origine occidentale *et* sont remarquables, toujours d'un certain point de vue : liberté permise par les savoirs vernaculaires (I. Illich, M. Rahnema), auto-organisation (S. Latouche), harmonie de la société avec la nature (V. Shiva), etc.

Cette critique va-t-elle à l'encontre de la paix entre les nations, cette paix qu'apporterait le « doux commerce » ? La vulgate néolibérale se nourrit, depuis Mandeville, de cette idée selon laquelle les êtres humains éprouveraient un besoin irrépressible de possession et de consommation, que le commerce permettrait de satisfaire sans avoir recours aux armes. L'objection de croissance affirme que cette anthropologie est un mythe. De plus, des études récentes mettent en

---

28 Dag Hammarskjöld Foundation, *What now. Report prepared on the occasion of the Seventh Special Session of the United Nations General Assembly*, New York, 1-12 September 1975. <www.dhf.uu.se>.

évidence qu'il n'existe pas de corrélation entre intensité du commerce marchand entre deux pays et propension à entrer en conflit [29]. La vertu pacificatrice du commerce est donc dénuée de toute validité empirique sauf si on entend par commerce ce que Mauss a appelé le « don », fondé sur la triple obligation de donner, recevoir et rendre, seul créateur d'une dette qui scelle une alliance durable.

La recherche de modèles différents du modèle occidental conduit parfois certains auteurs à idéaliser des sociétés telles que les « peuples premiers », sans faire preuve de grand discernement à l'endroit de la très grande diversité de modes de vie et d'organisation que l'on met dans cette vaste catégorie. Cette perspective permet incontestablement de passer sous silence les formes sociales oppressives non modernes et/ou non occidentales au motif que nous aurions « tout » à apprendre de ces peuples. Les textes d'auteurs tels Édouard Goldsmith [30] ou Pierre Rabhi [31] idéalisent sans doute trop le mode de vie des peuples premiers. Ce faisant, ils construisent un idéal qui n'est finalement que l'envers de la modernité, ce qui risque non seulement de délégitimer ce que la modernité, comme toute culture, comprend d'universel

---

29 P. Martin, Thierry Mayer et Mathias Thoenig, *La Mondialisation est-elle un facteur de paix ?*, Rue D'Ulm/CEPREMAP, Paris, 2006.

30 É. Goldsmith, *Le Tao de l'écologie*, Le Rocher, Monaco, 2002.

31 P. Rabhi, *Du Sahara aux Cévennes*, *op. cit.*

9

La décroissance n'implique-t-elle pas une vision dirigiste ou autoritaire de la politique ?

OÙ L'ON SE RASSURE, AUCUNE PRISE DU PALAIS D'HIVER NE SE PROFILE À L'HORIZON DE LA DÉCROISSANCE

La décroissance de l'économie peut incontestablement prendre la forme d'un scénario de rationnement centralisé et autoritaire face à la raréfaction de certaines ressources – l'« économie de guerre » que certains appellent de leurs vœux. Et tel sera sans doute le cas si on persiste à favoriser des politiques de croissance, car cela signifiera que la propriété privée et le souci de possession matérielle l'emportent sur la justice et le bien commun, que l'Avarice, l'Usure et la Méfiance restent les Dieux dominant l'*ethos* collectif, au détriment de l'égalité, des droits et de l'universalisme. Le défi revendiqué par le mot « décroissance » est précisément de penser et mettre en acte une transformation choisie, libre et égalitaire vers une société plus sobre et solidaire. Là est tout l'enjeu du débat.

La décroissance totalitaire ?

Le soupçon d'autoritarisme est présent lors des disputes autour de la notion de décroissance, en particulier au regard de la question de la définition des besoins. On soupçonne les objecteurs de croissance de vouloir « rationner » de manière autoritaire ou encore de vouloir « imposer » telle ou telle chose. Guillaume Duval voit ainsi dans la décroissance un mouvement tenté par une radicalisation du type de celle qu'a connue le mouvement ouvrier empruntant la voie du léninisme au siècle dernier au détriment des stratégies libertaires ou légalistes [1]. Pour l'éditorialiste Claude Imbert « la conscience puis la vogue écologique auront heureusement ouvert les esprits, mais l'intégrisme écologique, la décroissance, jetterait nos peuples dans la misère et le soulèvement [2] ». Alain-Gérard Slama considère de son côté que « les mesures de décroissance programmées par les partis écologistes supposent, pour changer les modes de consommation et les mœurs, un État quasiment totalitaire [3] ». Quant à Jean-Paul Fitoussi et Éloi Laurent, ils jugent que prendre la voie de la décroissance, « ce serait tourner le dos aux exigences démocratiques [4] ».

Passons sur le fait que ces auteurs ne semblent pas s'apercevoir que le rationnement est, *ici et maintenant*, au cœur de la société marchande pour de très nombreuses personnes privées de revenus décents, et que la situation actuelle, analysée dans les chapitres précédents, interdit de penser que les vieilles recettes produiront les mêmes effets que dans le passé. Ce qui frappe tout d'abord, c'est que l'accusation est *indéterminée*. Elle condamne de manière *globale* tous les courants de la décroissance. Pourtant un examen même rapide des textes des objecteurs de croissance, par exemple ceux de V. Cheynet, P. Ariès ou S. Latouche, montre que la question de la démocratie au double sens de souveraineté populaire, libérée des pièges grossiers du despotisme propre qui peut s'y associer (tels que la « dictature démocratique » de Lénine), et d'égalité

1 G. Duval, « L'impasse de la décroissance », *Cosmopolitiques*, 2006, p. 35-42.

2 *Le Point*, 15 octobre 2009.

3 France Culture, le 23 août 2008. Merci au site decroissance.org d'avoir répertorié toutes ces citations.

4 J.-P. Fitoussi et É. Laurent, *La Nouvelle Écologie politique*, *op. cit.*

des conditions est au cœur de leur réflexion. Elle se trouve aussi au centre des pratiques concrètes au sein des groupes locaux, des différentes « marches pour la décroissance », comme nous l'avons évoqué dans le chapitre 1. Sur le plan des procédures, les nombreuses rencontres réalisées autour de cette thématique ont montré un souci très poussé des participants en faveur de méthodes de décision extrêmement participatives. Les partisans de la décroissance sont aussi des partisans de l'égalité des conditions, à commencer par l'égalité des droits, l'égalité écologique et l'égalité des fortunes – cette égalité n'étant jamais confondue avec l'uniformité soviétique. V. Cheynet, P. Ariès ou S. Latouche divergent sur certains points mais pas sur celui-là : l'une des raisons majeures qui rend la décroissance nécessaire, c'est la menace que les institutions de la croissance économique font peser sur la démocratie.

Peut-on encore parler de démocratie lorsque le téléspectateur moyen passe en France quatre heures par jour devant des programmes dont on ne peut pas dire qu'ils brillent par leur capacité à émanciper les consciences ? Lorsque l'obligation de compétitivité économique ôte progressivement toute possibilité de vie autonome ? Quand l'inégalité, le chômage et l'exclusion ne cessent de progresser ? Le fait que de tels problèmes ne conduisent jamais à remettre en cause le progrès technologique témoigne de l'extraordinaire puissance de l'idéologie dominante. Le tort des objecteurs de croissance ne serait-il pas plutôt de ne pas faire partie de l'*establishment* ? Takis Fotopoulos affirme très explicitement que l'idéologie de la croissance est précisément ce qui est nécessaire à l'oligarchie en place pour renforcer son pouvoir, la démocratie « représentative » dans sa forme actuelle n'ayant été inventée que pour réduire à néant l'espoir démocratique porté par les Lumières. Nous pouvons bien voter, cela ne change rien et le peuple le sait – le progrès ne peut être arrêté. Ce que le peuple ne parvient plus à percevoir, c'est le lien de cause à effet entre le discours, qui se réfère à un niveau de vie qui devrait aller croissant pour tous, selon la fatalité du « progrès », et la réalité quotidienne, celle du chômage, des études interminables qui ne mènent à rien, des factures qui augmentent, de la nourriture empoisonnée, des vaches folles et du climat qui se dérègle. Quand le citoyen veut faire quelque chose, il est entravé, des obstacles réglementaires, matériels, économiques s'élèvent de toutes parts. Il ne se mobilise encore que lorsqu'il s'agit d'éviter le pire (comme lors de l'élection présidentielle de 2002). Faut-il désigner comme un ennemi de la démocratie et du progrès social celui qui dévoile certaines conséquences antidémocratiques issues de l'accumulation ? Oui, si l'on fait partie de ceux qui profitent de ce « despotisme doux ».

Sommes-nous encore en démocratie ?

Pour clarifier le fondement des polémiques, il importe d'en revenir aux fondamentaux : comment une décroissance peut-elle être « choisie » ? Il va de soi qu'un tel choix paraît absurde aux yeux des autorités établies, qui se retrouvent dans la position de la noblesse d'Ancien Régime quand le tiers-état leur expliquait qu'ils étaient dorénavant superflus.

Il importe tout d'abord, dans un souci de clarification, de mentionner quelques définitions classiques de la démocratie. Une première série de définitions oppose démocratie à totalitarisme. Pour Claude Lefort, la démocratie, contrairement au totalitarisme, est une configuration sociale qui s'appuie sur une distinction entre la société et l'État et qui accepte l'existence d'une pluralité d'opinions, c'est-à-dire une certaine conflictualité interne organisée au sein d'un espace public [5].

---

5 C. Lefort, *L'Invention démocratique*, Fayard, Paris, 1981.

Hannah Arendt, de son côté, insiste sur la distinction et la séparation entre la vie privée, qui doit rester opaque par rapport au pouvoir en place et ainsi préserver le lieu d'une libre critique, dégagée de toute pression, et l'espace public [6], dans lequel se constitue le monde commun, l'action politique, qui est toujours de nature « expérimentale », pour reprendre le terme utilisé par John Dewey [7] et ne saurait donc être soumis aux lois immuables de la science et du progrès technique.

Une seconde série de définitions cherche à définir la démocratie comme institution. Pour Claude Lefort, la démocratie est un régime dans lequel le lieu du pouvoir reste ontologiquement vide, car il est occupé tour à tour par diverses opinions et projets que des procédures permettent de sélectionner. Les pouvoirs (exécutif, législatif, judiciaire) doivent être divisés, suivant Montesquieu, de telle manière qu'aucun d'entre eux ne finisse par absorber les autres. Un espace public doit être structuré par un ensemble de procédures qui permettent l'exercice de la « raison communicationnelle » (J. Habermas). Enfin, dans les sociétés de taille importante, il peut exister des procédures de représentation – inutile de vouloir imposer une procédure parlementaire aux Bushmen du Kalahari qui se déplacent en groupes de quelques dizaines d'individus –, encore faut-il que celles-ci permettent effectivement de représenter les intérêts du peuple.

Une troisième série de définitions peut être trouvée chez Tocqueville. Pour lui, la démocratie existe en deux sens : comme régime et comme état social. Il existe donc deux réponses différentes à la question de savoir si la décroissance est autoritaire, despotique ou démocratique. L'une porte sur le droit positif et la forme des institutions qui permettent de le réguler : existe-t-il un mouvement de la décroissance qui

6 H. Arendt, *La Condition de l'homme moderne* [1954], Gallimard, Paris, 1992.

7 J. Dewey, *Le Public et ses problèmes* [1927], Éditions Farrago/Université de Pau, 2003.

envisage soit d'abolir le droit, pour tenter de « revenir » à une harmonie romantique, un ordre spontané, soit de se l'approprier, de manière autoritaire, *via* un « homme fort » ou une « prise du Palais d'Hiver », pour imposer ses vues au plus grand nombre ? L'autre porte sur les normes de l'action individuelle, ce que Tocqueville appelait les « mœurs » : la décroissance promeut-elle des pratiques destinées à étouffer l'espace public, l'esprit critique, la recherche scientifique, empirique, etc. ?

Gardons-nous de faire de l'élection et de la représentation le gage absolu de la démocratie. Tocqueville lui-même les jugeait tout à fait compatibles avec le despotisme : « Il y a, de nos jours, beaucoup de gens qui s'accommodent très aisément de cette espèce de compromis entre le despotisme administratif et la souveraineté du peuple, et qui pensent avoir assez garanti la liberté des individus, quand c'est au pouvoir national qu'ils la livrent » ; « dans ce système, les citoyens sortent un moment de la dépendance pour indiquer leur maître, et y rentrent » ; « créer une représentation nationale dans un pays très centralisé, c'est donc diminuer le mal que l'extrême centralisation peut produire, mais ce n'est pas le détruire [8] ». Il insistait sur la nécessité de renforcer les pouvoirs locaux et la décentralisation administrative. Le « développement » a consisté à faire exactement l'inverse. On n'a cessé de donner plus de pouvoir à l'administration et à ces nouveaux « corps intermédiaires » que sont les grandes entreprises en situation oligopolistique, contrôlées par une caste. En somme, l'aristocratie s'est reconstituée, et la croissance sert avant tout à la nourrir, afin qu'elle daigne donner un peu de travail aux autres. Si les positions peuvent diverger sur bien des points, les objecteurs de croissance s'accordent pour estimer que leur démarche est motivée par le souci de combattre une

8 A. de Tocqueville, *De la démocratie en Amérique* [1835], Flammarion, Paris, 1981, t. I, p. 386-387.

évolution *antidémocratique* qui est à l'œuvre dans les sociétés contemporaines. La défense officielle de la démocratie ressemble de plus en plus à la défense de l'ordre établi – à ce despotisme dont parlait Tocqueville.

L'économie, c'est la démocratie ?

Pour le dire simplement, l'économie de croissance est un état social (au sens de Tocqueville) qui est incompatible avec la démocratie, et ce pour de multiples raisons. L'existence même d'une « science » économique est une première preuve de cette absence de choix. Elle repose tout entière sur l'idée qu'il existe des évolutions sociales qui sont « pareto-optimales », c'est-à-dire qu'un agent voit sa condition s'améliorer sans qu'aucun autre agent ne voie sa situation se détériorer. L'amélioration de la situation est un « bien » pour l'agent considéré sans qu'il ne soit produit aucun « mal ». Et si elle produit du mal, c'est un mal nécessaire, comme l'indique la théorie *scientifique* du progrès, nous devons donc l'accepter comme notre destin. Telle est ainsi la nécessité de travailler et d'être évalué sur la base de notre « mérite ». L'économie se fonde sur des statistiques de consommation, qui sont tirées des statistiques de vente, elle suppose que tout bien consommé l'est volontairement, que cette consommation est le résultat d'un arbitrage rationnel, informé et libre. À la suite de Marx, les objecteurs de croissance récusent cette vision et en appellent à une ouverture plus grande des choix – à la différence des marxismes qui ont soutenu les socialismes collectivistes. C'est cela, la « sortie de l'économisme » – que les économistes ont évidemment le plus grand mal à admettre puisque cela revient à dire que le bon peuple pourrait se passer de leurs services, ou pour le moins en relativiser l'usage.

Une seconde preuve de l'absence de choix procède aussi de la centralisation administrative contre laquelle Tocqueville nous mettait en garde. Sur le plan matériel, elle prend la forme de ce qu'Alain Gras appelle, à la suite de Thomas P. Hugues des « macrosystèmes techniques », des réseaux de flux permettant l'organisation centralisée de la puissance *via* des systèmes d'information, appelés aussi « réseaux » [9]. La manière selon laquelle les économistes se saisissent de cette question illustrera le peu de cas qu'ils font de la démocratie. Quels sont les traits distinctifs d'une économie de réseau ? D'après les travaux de Nicolas Curien, ils sont au nombre de quatre [10] :

– l'existence d'un « effet de club » du côté consommateur : le service est d'autant plus utile que beaucoup de gens sont connectés au réseau qui permet d'y avoir accès ;

– la présence de synergies de production : le coût unitaire du service est d'autant moins élevé que la desserte est large ;

– la pratique de « subventions croisées », c'est-à-dire d'un écart entre les tarifs pratiqués et les coûts marginaux réels du service, qui sont en général très difficiles, voire impossibles à connaître [11], ce qui signifie que la tarification est relativement indépendante du coût réel. Autrement dit, les connexions proches paient pour les connexions lointaines, les urbains paient pour les ruraux (dont les frais d'acheminement sont supérieurs), les heures pleines paient pour les heures creuses [12], etc., ce qui suscite d'intenses débats en

---

9 A. Gras et S. L. Poirot-Delpech, *Grandeur et dépendance. Sociologie des macrosystèmes techniques*, PUF, Paris, 1993. et T. P. Hughes, *Networks of Power : Electrification in Western Society, 1880-1930*, Johns Hopkins University Press, Baltimore, 1993.

10 N. Curien, *Économie des réseaux*, La Découverte, Paris, 2000, p. 16-18.

11 N. Curien et Michel Gensollen, *Économie des télécommunications*, Economica, Paris, 1992, p. 39-48.

12 *Ibid.*, p. 62.

matière de régulation – et rend *totalement dénuée de fondements* l'idée qu'un prix reflète une confrontation entre offre et demande ;

– le réseau implique la présence d'un « monopole naturel » que Nicolas Curien et Michel Gensollen jugent nécessaire à partir du moment où « un fractionnement de la production coûterait plus cher qu'une production globale », c'est-à-dire qu'une production centralisée [13]. Par exemple doubler, tripler ou quadrupler les réseaux de fibre optique pour instaurer une concurrence serait inefficace pour le marché car chaque réseau serait largement sous-utilisé.

Un marché pris dans une logique de réseau ne connaît pas l'évolution linéaire caractéristique de l'économie néoclassique dans laquelle l'offreur propose un service, qui est individuellement et progressivement adopté (ou pas), la production suivant une augmentation régulière jusqu'à saturation et stabilisation dans un marché « de renouvellement ». Dans les marchés de réseau, il existe un coût d'investissement très important au départ, puis un effet de seuil et au-delà de la masse critique, une avalanche de demandes jusqu'à saturation [14]. Ceci explique qu'en matière de téléphonie par exemple tout se soit passé très vite – mais aussi que le consommateur se retrouve pris dans un macrosystème technique comme dans un filet qu'il n'a pas vu venir et dont il n'a jamais eu le temps d'évaluer les effets collectifs [15]. Le fait que les conséquences ne soient jamais débattues à l'avance ne semble gêner personne, surtout pas les oligopoles qui se retrouvent aux commandes. Car l'évolution des réseaux a une autre caractéristique : celle d'aller vers des formes de plus en plus centralisées, donnant de moins en moins de prise à l'utilisateur. Marx avait bien évidemment déjà décrit tout cela, même

13 *Ibid.*, p. 44.

14 N. Curien, *Économie des réseaux*, *op. cit.*, p. 29.

15 G. Dupuy, *La Dépendance automobile*, Economica, Paris, 1999.

s'il n'en avait pas toujours tiré de conclusion sur le plan de la démocratie.

Du fait de l'intense capitalisation qu'ils exigent, ces réseaux ne peuvent pas émerger par l'action dispersée de particuliers – cet état social que Tocqueville jugeait être structurellement garant de la démocratie. Ils ne peuvent être mis en place que par la volonté de quelques individus qui doivent être détenteurs d'un pouvoir colossal. Ils utilisent les « *early adopters* » (premiers acheteurs) comme un cheval de Troie pour retourner les pratiques des consommateurs. Les « premiers acheteurs » sont bien sûr de fervents technophiles qui vont peu à peu reléguer les sceptiques dans la catégorie des « dépassés », « réactionnaires » et autres « *has been* ».

On est à mille lieues de la liberté de choix individuelle tant vantée par l'économie néoclassique. Le fait de focaliser l'analyse sur les marchés et non sur les réseaux techniques et administratifs laisse croire qu'il existe encore des choix pluriels qui sont possibles. En réalité, l'évolution de la société est décidée en petits comités centralisés, pendant que le consommateur désorganisé se voit manipulé plutôt que servi dans ses aspirations. La défense de l'« individualisme » peut ainsi être très efficacement mise au service de la destruction de la liberté – comme l'avait encore vu Tocqueville. La liberté du citoyen moderne se ramène à la diversité des produits que l'on peut trouver dans un supermarché, le reste est géré par d'autres – pour son « bien ».

Aujourd'hui, même les plus fervents partisans de la liberté moderne doivent bien reconnaître que la « main invisible » fonctionne désormais très mal. Et tout laisse penser qu'un monde organisé selon cette imposture savante sera de moins en moins vivable : quand les externalités sont de l'ordre de grandeur de plusieurs dizaines de points du PIB, que les ressources s'épuisent, que se forment des richesses colossales qui ne sont pas indépendantes de l'appauvrissement d'autres secteurs de la population, il faut savoir reconnaître que la main invisible, supposée providentielle, ne fonctionne plus, si tant est qu'elle ait jamais fonctionné un jour.

Pour l'objecteur de croissance, ce que la « démocratie de marché » appelle « choix privé », c'est le « libre choix » de l'individu seul devant le rayon de supermarché face à la pseudo-concurrence des différentes marques appartenant à une même entité centrale. Ce que cette entité centrale interdit au prétexte de la défense de la « sphère privée », c'est la libre discussion des personnes relativement à leurs styles de vie, dès lors que ces discussions sortent de la comparaison entre deux marques du même produit. La « mégamachine », pour reprendre le terme utilisé par S. Latouche, tolère parfaitement les associations de consommateurs à partir du moment où celles-ci lui permettent de mieux connaître les faiblesses des populations, d'améliorer la pénétration de ses produits et d'accélérer la concentration des capitaux. Le consumérisme qui s'en tient à tester les produits et les soumettre au « banc d'essai », comme le font la FNAC ou l'association 60 Millions de consommateurs, ne menace personne. Il en va tout autrement des objecteurs de croissance dont le souci n'est pas de chercher le meilleur rapport qualité/prix pour acquérir un écran plat. Voilà un choix qui échappe au directeur du marketing, aux institutions de l'économie de marché comme à l'association de consommateurs.

Le choix de l'objecteur de croissance sort des cadres imposés et relève d'un authentique engagement sur d'*autres* valeurs que les valeurs dominantes. Les objecteurs de croissance prennent tout simplement au sérieux la démocratie. Et ils constatent que celle-ci est mal en point. Sur tous les sujets qui les préoccupent, les représentants élus interviennent toujours à contretemps : quand ils légifèrent sur le respect de la vie privée sur Internet, c'est que toutes les données y sont déjà ; quand ils élaborent un code de la route, la société est déjà dépendante de l'automobile ; quand ils initient des « consultations populaires » sur les « nanotechnologies », celles-ci sont déjà présentes dans de nombreux produits de consommation courante, etc. Dans ces conditions, le débat électoral est inévitablement circonscrit à la question de la répartition de la richesse matérielle, qu'on tient pour croissante pour l'éternité, à la gestion des dommages collatéraux et, de plus en plus, à la constatation des formidables dégâts occasionnés par l'économie de croissance.

Pour de nombreux objecteurs de croissance, nous vivons une situation qu'Olivier Borraz appelle « *recreancy*[16] » (désaffection) : face à un risque collectif qu'elles ont produit, les élites et les institutions cherchent avant tout à se protéger elles-mêmes, à gérer l'« acceptabilité sociale du risque » et non à sonder les citoyens pour connaître les réformes susceptibles de mettre les institutions en adéquation avec leurs aspirations. L'argument de la « démocratie » revient à imposer la paix sociale et le silence ; respecter la démocratie, c'est renoncer à troubler un ordre public que les autorités estiment être le moins mauvais des mondes possibles. La démocratie se résume alors à pouvoir choisir entre des partis politiques dont le programme est quasiment identique. Dans ce monde-là, la controverse scientifique n'existe pas, il n'y a que des dogmes (« le nucléaire ne pollue pas », « le TGV est un progrès », etc.), les scientifiques et témoins qui souhaitent du débat doivent alors se faire « lanceurs d'alerte », selon le terme consacré, pour percer le mur des contrevérités répandues par des personnages officiels tels que Claude Allègre ou Georges Charpak, qui ont souvent des intérêts très concrets dans les institutions faiseuses des risques dont ils garantissent l'inexistence.

---

16 O. Borraz, *Les Politiques du risque*, Presses de Sciences Po, Paris, 2008.

La différenciation, c'est la démocratie ?

Il est une mise en garde contre des dérives autoritaires qui s'applique en propre à l'encontre de la décroissance : c'est la thèse selon laquelle la démocratie ne peut résulter que de la différenciation des sociétés. « Différenciation » est à entendre ici au sens de séparation progressive des sphères d'activité, laquelle permet à l'homme moderne d'échapper à un contrôle total du groupe tel que celui qui existerait dans la société « tribale ».

Une politique de décroissance, une transition vers une société écologique, remettrait en cause, c'est certain, l'extrême spécialisation économique des territoires et des êtres humains dans le domaine de l'économie, mais aussi de la politique. On peut raisonnablement penser qu'aucun objecteur de croissance n'ignore cette conséquence, qu'il perçoit comme une libération et un approfondissement de la démocratie. Au contraire, d'autres estiment que cette dé-spécialisation serait synonyme d'oppression. Pour la tradition sociologique depuis Weber, la modernité est, entre autres choses, largement analysée comme un processus de différenciation sociale. La philosophie politique moderne et les sciences politiques considèrent, de leur côté, que la démocratie ne peut pas être garantie s'il n'existe pas une certaine séparation, et donc une spécialisation, des sphères du droit, du gouvernement et de la société civile [17].

Plusieurs réponses peuvent être adressés à ceux qui s'inquiéteraient de voir s'ébranler ainsi les fondements de notre belle « modernité ». La première est qu'aucun objecteur de croissance ne défend une société « tribale », reposant sur une différenciation minimale, telle que Claude Lévi-Strauss la donne à voir pour la société Yanomami, comme

---

17 Par exemple Q. Skinner, *Les Fondements de la pensée politique moderne* [1978], Albin Michel, Paris, 2009.

projet politique pour la France – ou même pour l'Ardèche. Si les « marches pour la décroissance » mettent en avant des méthodes orales de débat collectif qui favorisent la participation de toutes et de tous, leurs promoteurs n'entendent pas pour autant abolir le gouvernement, les conseils régionaux, départementaux et municipaux. Les méthodes participatives qui ont été utilisées ont recours à l'oral et à l'écrit, avec publication des résultats. Affirmer que les objecteurs de croissance veulent revenir à l'indifférenciation primordiale renvoie à la stratégie maintenant bien connue qui consiste à accuser ceux qui mettent en cause la croissance de vouloir « revenir à l'âge de pierre », de manière à les discréditer ou à enfermer le débat dans l'alternative stérile entre le primitif et le moderne.

La seconde est que la thèse selon laquelle les sociétés « prémodernes » seraient toutes sans exception indifférenciées, prélogiques et dépendantes de cosmologies qu'elles seraient incapables de critiquer a été mise à mal par d'innombrables travaux, y compris dans le cas des sociétés que la modernité considère comme son envers absolu : les « sociétés primitives ». L'anthropologue Jack Goody a montré que les catégories de « mythe », « pensée prélogique », etc. sont des catégories ethnocentriques (tout en souscrivant à l'idée que la différenciation croissante des sociétés est un progrès menant à la « domination de la nature » et aux « progrès du savoir »). Jack Goody pointait le fait que les ethnologues ont trop souvent étudié ces sociétés comme si elles n'avaient pas de sujet individuel, dans une démarche totalisante que ces sociétés elles-mêmes ne revendiquaient pas. On a voulu identifier « le » mythe « des » Yanomamis comme s'il existait quelque chose d'aussi unifié que cela ; or les structures orales sont plurielles, leur énonciation a un sens très variable selon les contextes, etc. De son côté, Jean Baechler estimait même que les sociétés « simples », car peu différenciées, pouvaient, dans certains cas, être qualifiées de « démocratiques », si par là on entend qu'une relation de pouvoir n'est légitime que si elle est consentie par celui qui obéit [18].

Le fait que les peuples « primitifs », supposément les plus éloignés possible d'une attitude rationnelle envers la nature parviennent à domestiquer leur environnement d'une manière à créer un équilibre dynamique met toutefois *radicalement* en cause l'idée d'une « mentalité prélogique » opposée au « progrès ».

Pour autant cela ne conduit aucun objecteur de croissance à conclure que les peuples jugés « primitifs » sont supérieurs à nous dans tous les domaines ni qu'ils constituent un modèle politique pour la France ou pour les Pays de Loire... Entre ces deux extrêmes de la pensée moderne que sont les sociétés « primitives » et les sociétés « développées », il existe toute une gamme de possibles à explorer, des « multiples modernités » pour reprendre l'expression de Shmuel Einsenstadt [19].

Aucun objecteur de croissance, à notre connaissance, ne considère que « retourner » élever des chèvres en autonomie dans le Larzac suffira à infléchir les tendances mondiales. S'ils reprennent la thèse selon laquelle une différenciation excessive est contraire à l'autonomie, ce n'est pas pour prôner une utopique et impossible indifférenciation harmonieuse. La promotion de métiers tels que celui de « paysan-boulanger », mis en avant dans le journal *La Décroissance* par exemple, ne définit pas un modèle de société qui se passerait de la médecine et du droit. Quand Serge Latouche se réfère à la proposition de Takis Fotopoulos de réorganiser les sociétés sur la base d'unités de 30 000 habitants (la taille de Monaco ou du Liechtenstein), l'idée n'est pas de subdiviser ces unités en autant de bandes de chasseurs-cueilleurs organisés selon un principe de division du travail minimale...

---

18 J. Baechler, *Démocraties*, Calmann-Lévy, Paris, 1985.

19 S. N. Eisenstadt, « Multiple modernities », *Daedalus*, hiver 2000, n° 129, p. 1.

Les objecteurs de croissance reprennent à leur compte plusieurs critiques à l'endroit de la différenciation, qui ne sont pas nouvelles. Une critique démocratique, d'abord. Les vertus démocratiques de la différenciation contemporaine sont en effet, en grande partie, illusoires. Du côté des modes de vie, nous n'avons en réalité guère le choix car les macrosystèmes techniques nous enserrent de près. Du côté des savoirs, leur prolifération effective ne produit pas nécessairement une meilleure intelligence collective de la situation – la crise écologique et l'impossibilité de se réformer pour y faire face en sont peut-être la meilleure preuve. Du côté des métiers et des carrières, la critique faite par Marx ou Bakounine reste d'actualité : la division du travail fabrique des travailleurs partiels dépendants de machines partielles, ce qui vaut aussi dans la division intellectuelle du travail. On ne peut pas se contenter de croire que les technologies numériques de l'information vont résoudre ce problème, alors qu'elles sont entièrement dédiées au développement du même système.

Quel rapport aux institutions ?

Face à des institutions jugées peu démocratiques, les objecteurs de croissance n'ont pas tous la même analyse, ni la même stratégie. Certains, tel V. Cheynet, ont mis sur pied un parti politique dédié à la décroissance, d'autres comme S. Latouche pensent que cela n'a pas lieu d'être. Le même V. Cheynet se présente aux élections, ce que refuseront de faire les mouvances plus libertaires. Jusque-là, pourrait-on dire, rien de neuf sous le soleil : l'objection de croissance se diffracte dans des orientations politiques connues. Vincent Cheynet souhaite voir l'échelle des revenus limitée dans un rapport de 1 à 4 [20]. Cela ne fait pas de lui un

---

20 V. Cheynet, « Profession de foi », élections législatives juin 2007, 2e circonscription du Rhône.

tyran en puissance : la limitation des revenus peut être inscrite dans le droit sans avoir besoin de recourir à la violence...

Quid de la critique libertaire ? Alain Renaut et Luc Ferry estiment que la proposition anarchiste contient des « présupposés totalitaires [21] ». Pour quelles raisons ? D'une part, selon ces auteurs, la philosophie de l'anarchie soutiendrait l'idée qu'il existe un « accord spontané » entre les volontés. Cette idée est entièrement erronée : s'il existe une thèse soutenant l'harmonie spontanée des volontés, c'est l'économie qui la défend, en s'appuyant sur un ordre spontané issu des seuls échanges économiques. D'autre part, l'idée de partage et de mise en commun des ressources, et donc la remise en cause de la propriété privée, ferait le lit des totalitarismes. Or cette idée n'est évidemment pas propre aux libertaires : de nombreuses tendances républicaines, pour la plupart défavorables à l'objection de croissance, promeuvent également le partage (*via* la fiscalité). Évidemment, les moyens diffèrent, mais cela ne fait pas des objecteurs de croissance libertaires des totalitaires en puissance, et ce d'autant moins que ceux-ci, par définition, se privent de tout recours à l'appareil d'État pour faire avancer leurs idées [22].

Un autre élément peut parfois prêter à confusion : le recours fréquent des objecteurs de croissance à la « désobéissance civile ». Si celle-ci peut être définie de différentes manières, elle renvoie à l'idée de désobéir à une obligation légale pour des motifs de conscience. Cette désobéissance doit être publique (non secrète), politique (non criminelle) et pacifique (non violente) [23]. L'expression « objection de

---

21 A. Renaut et L. Ferry, *Philosophie politique*, PUF, Paris, 2007, p. 537.

22 Rappelons qu'au cours de leur tumultueuse histoire les idées libertaires ont surtout été les victimes des totalitarismes communistes et fascistes, mais aussi d'un certain ordre républicain. Lire sous une forme romancée Michel Ragon, *La Mémoire des vaincus*, Albin Michel, Paris, 1990.

23 C. Mellon, « Qu'est-ce que la désobéissance civile ? », *Alternatives non violentes*, n° 108, 1998.

croissance » a d'ailleurs été inventée pour faire le lien avec l'« objection de conscience » qui fut un mouvement pacifiste de non-participation aux activités militaires, quelles qu'elles soient – un mouvement qui fut persécuté et puni d'emprisonnement, y compris en France, avant de se voir reconnu un statut en 1963. L'objection de croissance est, à certains égards, dans la même situation : elle est accusée d'être antidémocratique parce qu'elle ne respecte pas les règles du « bonheur conforme ». Elle assume. Ce que disent les objecteurs de croissance, ce n'est pas que les institutions démocratiques doivent être défaites au profit d'un ordre spontané ou d'un « homme fort », mais qu'elles manquent cruellement de démocratie. Et on n'établira de démocratie ni par le moyen d'une « dictature du prolétariat » ni par celui d'une destruction de toutes les instances de régulation.

L'objection de croissance prend la mesure d'une situation nouvelle. Sa gravité peut parfois pousser à recourir à l'alarmisme, et celui-ci faire le lit d'« hommes providentiels » – c'est, pour l'essentiel, ce qui constitue l'argument de Guillaume Duval exposé au début de chapitre, selon lequel la décroissance ferait le lit d'un nouveau totalitarisme « vert ». Que répondre ? Rappelons que la situation écologique et sociale n'est pas le pur produit de l'intellect : ce n'est pas parce qu'on masque sa gravité que tout va mieux ! On ne peut qu'être frappé *a contrario* du caractère déréalisé de nombreux points de vue : le retour du plein-emploi est pour (après-)demain, l'explosion du nombre des cancers n'a aucun rapport avec la crise écologique, etc. La décroissance, on l'a dit, est d'abord un mot-obus dont l'ambition est de provoquer une prise de conscience. Mais, que l'on sache, on ne voit pas depuis que le mot circule, des armées de prophètes déclamer dans les rues que nous devons nous repentir parce que la fin des temps est venue. On ne voit pas les objecteurs de croissance appeler de leurs vœux un homme providentiel. On voit en revanche de façon assez transparente l'écologie gestionnaire défendre son pré carré et ce au nom de la démocratie et de l'ordre établi.

L'usage de l'alarmisme fait débat au sein des mouvements de la décroissance, car il est susceptible d'alimenter un soupçon : celui de faire le lit de tentations autoritaires (« nous n'avons plus le temps de décider démocratiquement de sauver la planète »). Le discours d'Yves Cochet, qui en appelle à une politique d'exception pour faire face à une situation d'exception, est jugé contre-productif par beaucoup. Mais on ne peut ignorer que l'intéressé estime quant à lui être beaucoup plus écouté qu'avant, quand il se faisait moins alarmiste, ni qu'un Jean-Marc Jancovici, qui tient pourtant un discours extrêmement proche, est invité dans toutes les grandes entreprises sans que ses propos ne soient taxés de menaces pour la démocratie. Deux poids, deux mesures qui témoignent encore que les analyses « radicales » semblent parfaitement légitimes lorsqu'elles restent confinées aux cercles de pouvoir. Si elles s'avèrent pertinentes, elles permettront d'accroître l'efficacité de la bureaucratie publique et privée dans la gestion de la catastrophe.

Il faut enfin rappeler que les écologistes ne sont pas les seuls à recourir à l'argument de l'urgence : de nombreux partis le brandissent, avec plus de succès, lorsqu'il s'agit de favoriser le sauvetage des banques et du système financier et, par là, les conditions d'une reprise de la croissance. On ne les soupçonne pas pour autant de céder aux sirènes de l'autoritarisme. La posture de l'urgence ne conduit donc pas nécessairement à préconiser la mise en place d'un état d'exception. La question est de savoir si nous pensons que la planète et les opprimés peuvent attendre encore un peu. Les mouvements de la décroissance, avec leurs différences, estiment que non, la planète et les opprimés attendent depuis trop longtemps...

10

Pour conclure, que signifierait concrètement une politique de décroissance ?

OÙ LES CHOSES SE COMPLIQUENT ENCORE UN PEU PLUS ET OÙ LECTEURS ET LECTRICES DEVRONT EUX-MÊMES POURSUIVRE L'HISTOIRE

La question de la possibilité et des modalités éventuelles d'une « politique de décroissance » a déjà été abordée à plusieurs reprises dans ce livre. Le traitement particulier proposé ici permet une présentation synthétique des débats et des divergences des différents courants qui s'en réclament. Il nous paraît d'autant plus justifié que cette question est abordée de façon récurrente dans les débats publics organisés autour de cette idée : « La critique est juste, mais alors, que faire concrètement ? »

Une critique de la technique à visée universaliste

Pour envisager une politique publique de décroissance, encore faut-il considérer que l'espace politique demeure un domaine pertinent d'intervention pour les mouvements sociaux qui revendiqueraient le mot. Or cela ne va pas de soi. Les débats qui agitent les diverses composantes des courants favorables à la décroissance vont donc bien au-delà de la controverse traditionnelle : « Réforme ou révolution ? »

Un très bref retour en arrière permettra peut-être de comprendre que la question d'une « politique de décroissance » se pose de façon assez originale.

Nombre de luttes et réflexions à l'origine des mouvements d'écologie sociale et politique n'ont pas été principalement concernées par la défense de l'« environnement » et de la « diversité du biotope ». Elles se manifestèrent d'abord comme une réaction de défense d'un quotidien menacé par les agissements de pouvoirs bureaucratiques, aussi bien publics que privés. Il s'agissait généralement de luttes contre la construction de grandes infrastructures techniques indispensables à la croissance économique (autoroutes, centrales hydroélectriques ou électronucléaire, complexes pétrochimiques, etc.). Ce combat écologiste, qui entendait se différencier de l'« environnementalisme », mobilisait contre la raison instrumentale (technique et économique) la défense d'un « monde vécu », de savoirs vernaculaires et d'une sensibilité communs. Des combats les plus célèbres (contre l'extension du camp militaire du Larzac en janvier 1974) jusqu'à des luttes moins médiatiques, les exemples se comptent par centaines, et se poursuivent encore aujourd'hui en Occident et (surtout) ailleurs. Ce type d'action prenait en défaut la vie politique traditionnelle en ce qu'il visait précisément à soustraire le plus possible la vie de sociétés humaines au système économico-politique, à la croissance de la division du travail, à la complexité technique grandissante – là où d'autres mouvements cherchaient à les y intégrer, sous une modalité « libérale » ou « socialiste ». D'où le caractère jugé souvent « non politique » de ces luttes, sévèrement fustigé par les pensées de gauche et d'extrême gauche, lesquelles cherchaient en permanence à « repolitiser » de tels combats.

Un certain nombre de partisans de la décroissance restent fidèles à cette histoire et aux écrits de cette critique sociale pour laquelle l'« émancipation politique » fut mise en œuvre par la société marchande elle-même dans une opération de « réduction » de l'être humain d'une part à l'« individu égoïste marchand », d'autre part au citoyen « personne morale membre de l'État » (Marx). L'être social se trouve alors fragmenté en autant de multiples abstractions : consommateur, citoyen, salarié, etc. Dans ce cadre, l'espace moderne de la délibération politique s'est révélé nécessaire à la croissance économique.

En effet, l'espace économique constitué de façon autonome n'autorise pas de coordination directe entre les « agents économiques ». Les mécanismes impersonnels du système de marchés (prix et quantités) constituent les seuls vecteurs de communication admissibles entre le consommateur et le producteur, l'entreprise et la banque... Aucune société humaine n'aurait pu simplement exister si elle avait dû se conformer au modèle de l'« économie pure » tel que l'ont décrit les économistes. Dès lors, la constitution d'un espace politique où pouvaient directement se coordonner des acteurs était indispensable et a permis le financement d'infrastructures publiques et la mise en place de lois et réglementations instituant et encadrant l'économie marchande (droit de propriété, politique fiscale, durée légale du travail, etc.). C'est donc l'économie marchande qui a eu massivement recours à l'intervention publique et à la politique, en France notamment. Suivant cette approche, toute proposition en matière de politique publique « décroissante » apparaît contradictoire dans les termes, l'espace politique étant précisément un sous-système de la société de croissance. Celui-ci ne dispose d'aucune autonomie par rapport à cette dernière comme tendrait à le montrer la réduction toujours plus importante du débat « droite-gauche » à une simple confrontation entre gestionnaires dans toutes les démocraties modernes du globe.

Pour certains partisans de la décroissance, il importera de défendre coûte que coûte les derniers paysages, les dernières relations humaines échappant à l'emprise bureaucratique, privée ou publique. Et de recréer partout où cela est possible des lieux de délibération et d'action directes sur nos conditions de vie pour la faire reculer. La vaste mouvance des associations est largement sollicitée, des associations de défense d'un lieu de vie à des mouvements d'entraide (Associations pour le maintien d'une agriculture paysanne, Systèmes d'échanges locaux, coopératives de consommation, associations de quartier, etc.). L'idée étant de faire grossir dans une perspective universaliste (afin d'éviter le simple report des nuisances sur d'autres) des actions et discussions hors du cadre politique traditionnel afin que la société humaine se dote de multiples lieux d'autodétermination.

Cette position est clairement assumée par les courants de la décroissance se référant à la philosophie anarchiste. C'était notamment le cas d'auteurs comme Jacques Ellul ou Bernard Charbonneau (ou encore Pierre Fournier) qui, dans leurs vies militantes, s'attachèrent surtout à résister à l'emprise du politique sur la vie naturelle et sociale (notamment en s'opposant à des opérations d'« aménagement du territoire »), dans la lignée des « naturiens », ces anarchistes individualistes de la fin du XIXe siècle qui en appelaient eux aussi à un refus de l'industrie au nom d'une vie plus naturelle [1]. André Gorz rappelle que les pratiques populaires ont pendant très longtemps été guidées par la volonté d'autolimiter les besoins et, donc, les quantités de travail fournies par les êtres humains. Les exemples historiques, pour se limiter à l'Occident, sont innombrables : guildes et corporations professionnelles, revendications anarcho-syndicalistes (« semaine des quatre jours », « saint Lundi »...), sociétés paysannes, fêtes religieuses (on oublie souvent qu'un jour sur trois était férié jusqu'à la Révolution française), etc.

Historiquement la norme du « suffisant » et les traditions populaires qui l'accompagnaient ont été largement détruites

1 « Des anarchistes précurseurs de l'écologie : les naturiens » disponible sur <http://endehors.org>.

par la modernisation marchande et une croissance massive des inégalités, légitimées par la perspective de lendemains qui chantent.

Une fois les promesses de la modernité marchande évanouies, la question qui vient naturellement est alors : est-il encore possible de réinventer de telles traditions ? Ont-elles définitivement disparu ? Est-il possible de parler d'égalité et de démocratie en un sens qui ne soit pas simplement formel et sans contenu concret ? Au début du XXIe siècle, les conditions culturelles sont-elles encore réunies pour cela alors que la modernisation économique a pleinement réalisé son programme et que nous sommes tous enserrés dans les filets étroits de macrosystèmes techniques qui semblent avoir largement détruit jusqu'à la possibilité d'alternatives, jusqu'au désir de liberté ? Peut-on encore envisager de vivre sans téléphone portable et accès à l'Internet haut débit ?, se demandent le plus sérieusement du monde nombre de nos contemporains. On le voit, ce sont les choix que l'on voudrait nous faire passer pour « techniques » et « individuels » qui se révèlent politiquement les plus importants aujourd'hui, car le succès des luttes égalitaires menées par l'écologie sociale entraînerait *ipso facto* une réduction considérable de la part des marchandises à très haute technicité dans nos vies, au profit de techniques « conviviales » (au sens de Illich, voir chapitre 1). Il signifierait donc la fin – ou tout au moins la réduction considérable – de l'usage de l'Internet, du téléphone mobile, du GPS individuel, de la mobilité automobile permanente... En mourrait-on ? Notre dignité en serait-elle irrémédiablement diminuée ? Ou, au contraire, cette dignité ne serait-elle pas *retrouvée* ? Quels mouvements populaires semblent prêts à porter de telles revendications ? Pour l'heure très peu, mais est-ce une raison suffisante pour abdiquer à jamais toute réflexion et lutte dans ce domaine ?

Un programme ? Des programmes ?

À quoi pourrait ressembler un programme politique de décroissance ? Le courant bioéconomiste n'a aucune difficulté à concevoir des politiques publiques de décroissance pour les pays développés : il assume simplement ce que seraient les conséquences de politiques « vertes » si elles étaient pleinement mises en œuvre. Cela pourrait par exemple prendre la forme d'une « fiscalité verte » taxant lourdement les activités économiques les plus polluantes de façon à favoriser l'investissement dans les secteurs écologiques ou une administration directe, par exemple *via* une politique de quotas de consommation de certaines ressources critiques, principalement le pétrole [2] – éventuellement assouplie par des mécanismes marchands de « droits transférables » – et des investissements publics directs : parcs éoliens, centrales solaires, etc. La différence avec les politiques des écologistes gestionnaires est qu'ici on ne fera pas croire que cela n'aura pas des conséquences bénignes sur les modes de vie actuels.

Plus largement, la conférence de Barcelone organisée en 2010, intitulée « Aujourd'hui la décroissance », soumet au débat participatif entre chercheurs et société civile une série de dix propositions politiques radicales telles que : 1 – Promotion des monnaies locales et sans intérêt. 2 – La mise en œuvre de la semaine de trois jours. 3 – Moratoire sur les méga-infrastructures. 4 – Réduction de la publicité ; 5 – Limiter le recours aux ressources naturelles stockées dans le sous-sol. 6 – Réutilisation des maisons vides et cohabitat. 7 – Revenu inconditionnel. 8 – Revenu maximum. 9 – Fabriquer l'innovation

---

2 Y. Cochet, *Pétrole apocalypse*, *op. cit.* *Cf.* aussi H. Daly, J. Farley, *Ecological Economics. Principles and application*, Island Press, Washington, 2004.

frugale [3]. 10 – De nouveaux statuts pour l'action collective à but non lucratif.

L'existence même de mouvements favorables à la décroissance, aussi faibles et balbutiants soient-ils, montre que tout n'est peut-être pas définitivement joué. Le « pari de la décroissance », pour reprendre le titre de l'ouvrage de S. Latouche, repose justement sur la possibilité d'une libération de l'initiative populaire. Les différentes approches de la décroissance se révèlent alors complémentaires : sans critique des valeurs, pas de désaliénation de la subjectivité ; sans désaliénation, pas de programme politique construit. À cet égard, P. Ariès propose une stratégie à trois niveaux : la simplicité volontaire comme mise en œuvre de pratiques alternatives et « cure de désintoxication », les expérimentations locales qui permettent de se rassembler et de ne pas rester isolé et, enfin, le programme politique, présenté en priorité aux élections locales.

V. Cheynet a compilé la plupart de ses propositions lors de sa candidature aux législatives en 2007 dans le Rhône : application de l'ordonnance de 1944 du Conseil national de la résistance sur la presse, relocalisation de l'économie fondée sur de petites entités, démantèlement des multinationales, sortie progressive de l'automobile, renforcement des TER au détriment des TGV, sortie des énergies fossiles, fin des zones pavillonnaires, instauration d'un « revenu maximum autorisé » (RMA) à hauteur de quatre fois le SMIC, interdiction de posséder plus de deux logements, gouvernement démocratique de la recherche scientifique professionnelle et fin du

3 Des innovations qui au lieu de tenter de supprimer les limites à la croissance de la consommation et de la production les intègrent au contraire. F. Schneider, F. Hinterberger, R. Mesicek et F. Luks, « Eco-info-society : Strategies for an ecological information society », *in* M.L. Hilty et P.W. Gilgen (dir.), *Sustainability in the Information Society*, Metropolis-Verlag, Marburg, 2001, p. 831-839. Aussi F. Schneider, « L'effet rebond », *L'Écologiste*, vol. 4, n° 3, 2003 ; « *Pour des innovations frugales* », *Silence*, n° 340, 2006, p. 55.

sport professionnel. Paul Ariès propose la « gratuité pour les usages » et le « renchérissement des mésusages », ainsi les piscines particulières, transports privés polluants, etc. se verraient-ils considérablement taxés alors que les piscines municipales, transports collectifs, etc. seraient rendus gratuits. P. Ariès défend également le RMA, en appelle au retour de l'usager à la place du consommateur et est favorable à un revenu universel, versé inconditionnellement.

S. Latouche de son côté reste dans la posture culturaliste qui est la sienne. Il maintient donc une distance relative par rapport aux engagements politiques particuliers. Néanmoins, il cite beaucoup le programme de T. Fotopoulos, dont l'inspiration est ouvertement celle du « socialisme antiautoritaire ». Son souci permanent des valeurs, de la pédagogie (fût-elle « des catastrophes ») et de l'exemplarité l'inscrit sans doute davantage dans cette mouvance, à la différence de V. Cheynet et P. Ariès qui se définissent comme « sociaux-démocrates ». Sans surprise, S. Latouche s'est opposé à la création du Parti pour La Décroissance, car il ne pense pas que la décroissance puisse être un programme en tant que tel, ni qu'elle justifie de créer un parti *ad hoc*. C'est la démarche de l'« après-développement » qui focalise son attention.

Latouche résume ses orientations en « 8R » (réévaluer, reconceptualiser, etc.), qu'il oppose aux innombrables « sur » (surdéveloppement, surpêche, surpâturage, surconsommation, etc.) qui caractérisent la situation actuelle : redistribuer la terre, le travail, les revenus entre les générations et entre les citoyens, retrouver l'empreinte écologique de la France des années 1960 (non pour « revenir en arrière » mais pour donner à la population un exemple concret et souvent vécu de ce qu'un mode de vie avec une empreinte écologique équitable pourrait signifier), morceler les villes géantes en quartiers de quelques dizaines de milliers d'habitants, seule échelle à laquelle les citoyens peuvent véritablement prendre part aux décisions, etc. S. Latouche ne condamne pas totalement la démocratie représentative, à la différence de T. Fotopoulos, il la relocalise et l'aménage par un droit de révocation des élus, le référendum d'initiative populaire et la participation directe dans certains cas, comme le budget participatif expérimenté à Porto Alegre. Il affirme reprendre pour l'essentiel les recommandations du rapport produit par la Fondation Dag Hammarskjöld en 1975.

Bien que cédant aux séduisantes sirènes de la « révolution numérique », A. Gorz se situe dans cette perspective « antiautoritaire » sans toutefois rejeter entièrement la démocratie représentative. A. Gorz a défendu trois positions politiques principales : la perception d'un revenu suffisant pour vivre indépendamment des quantités de travail fournies, *via* le versement d'un « revenu d'existence » (il y est favorable à partir de 1997) ou le fonctionnement d'une sécurité sociale ; une forte réduction du temps de travail individuel ; la création d'espaces d'autonomie qui favoriserait les activités d'autoproduction, la relocalisation du travail, la vie communautaire. C'est dans ces espaces, entres autres, que pourraient se développer les « innovations frugales » compatibles avec la décroissance. Une telle approche vise ainsi à « sauver » l'espace politique d'une critique radicale qui emporterait la médiation qu'il offre entre les intérêts des individus et celui de la société dans son ensemble. Elle cherche également à se prémunir contre le risque autoritaire d'une démarche politique entièrement déterminée par des impératifs scientifiques qui serait quasi inévitablement amenée à nier toute autonomie à la société dès lors que celle-ci contreviendrait à de telles « nécessités ».

On le voit, lorsque les idées redescendent sur terre et qu'est abordé le contenu concret d'une transition décroissante vers une société écologique, les propositions des auteurs vont balayer un large spectre : d'une position délégitimant entièrement les médiations politiques à un

« républicanisme » bon teint assumant des politiques publiques de rupture (écotaxes non symboliques, protectionnisme visant une relocalisation, etc.) avec des positions intermédiaires visant à des transformations radicales des institutions politiques, et à une relativisation de ces dernières dans la vie des sociétés tout en reconnaissant leurs fonctions essentielles de médiation. On imagine bien que cette situation pourra permettre d'instruire le procès du mot très largement incapable de créer un programme de parti ou un nouveau modèle économique. Ce dernier risque toutefois assez rapidement de se retourner contre ses instigateurs dans la mesure où cette hétérogénéité interdit précisément une attaque univoque de *la* décroissance, tant les auteurs et les militants qui s'y réfèrent présentent des profils variés. Une telle critique manquerait de plus l'essentiel : l'intérêt et la richesse des controverses bien éloignées des querelles propres aux gestionnaires d'une économie de croissance en bout de course.

Table

Introduction
❧ *Où l'on se demande d'où vient ce mot nouveau qui dérange tant* 7

1 Que signifie « décroissance » ?
❧ *Où l'on tente de déterrer quelques racines conceptuelles d'une vaste mouvance hétéroclite* 21

2 La décroissance, une idée neuve ou une vieille idée réactionnaire ?
❧ *Où l'on montre que, dans un monde nouveau et souvent inquiétant, certains ne se contentent pas des vieilles formules réchauffées* 61

3 Pourquoi la décroissance, et pas le « développement durable » ?
❧ *Où il est utile de rappeler le sens d'une expression dont il est fait usage de façon fréquente et inconsidérée* 81

4 La décroissance, est-ce la fin du progrès scientifique et technique ?
❧ *Où il apparaît que le retour aux cavernes humides et aux chandelles n'est pas précisément le modèle en vogue, même chez les radicaux irresponsables* 103

5 **La décroissance est-elle malthusienne ?**
❧ *Où il est montré que, contrairement aux apparences, le sinistre pasteur Malthus n'est décidément pas la tasse de thé des objecteurs de croissance* 121

6 **La décroissance, privation ou joie de vivre ?**
❧ *Où l'on se demande sérieusement si les habitants des États-Unis sont vraiment plus heureux que ceux du Bhoutan* 139

7 **La décroissance, c'est la récession, le chômage, la fin de l'économie de marché ?**
❧ *Où il est montré qu'il est impudent d'accuser les dissidents de vouloir propager les maux distillés par le système qu'ils critiquent* 163

8 **La décroissance concerne-t-elle les pays du Sud ?**
❧ *Où il apparaît que la mondialisation montrerait une bien meilleure figure si l'« Occident » prenait au sérieux les choix de vie des « sous-développés »* 189

9 **La décroissance n'implique-t-elle pas une vision dirigiste ou autoritaire de la politique ?**
❧ *Où l'on se rassure, aucune prise du Palais d'Hiver ne se profile à l'horizon de la décroissance* 205

10 **Pour conclure, que signifierait concrètement une politique de décroissance ?**
❧ *Où les choses se compliquent encore un peu plus et où lecteurs et lectrices devront eux-mêmes poursuivre l'histoire* 225